为你
自己读书

慧 海 / 著

民主与建设出版社
·北京·

© 民主与建设出版社，2021

图书在版编目（CIP）数据

为你自己读书 / 慧海著. -- 北京：民主与建设出版社，2020.12

ISBN 978-7-5139-3233-2

Ⅰ.①为… Ⅱ.①慧… Ⅲ.①读书方法—青少年读物 Ⅳ.①G792-49

中国版本图书馆 CIP 数据核字（2021）第 016961 号

为你自己读书
WEINI ZIJI DUSHU

著　　者	慧　海
责任编辑	周佩芳
封面设计	尚世视觉
出版发行	民主与建设出版社有限责任公司
电　　话	（010）59417747　59419778
社　　址	北京市海淀区西三环中路10号望海楼E座7层
邮　　编	100142
印　　刷	三河市长城印刷有限公司
版　　次	2021年3月第1版
印　　次	2021年3月第1次印刷
开　　本	710毫米×1000毫米　1/16
印　　张	13
字　　数	220千字
书　　号	ISBN 978-7-5139-3233-2
定　　价	48.00元

注：如有印、装质量问题，请与出版社联系。

前言

意识到教育对自己的重要性，是孩子开始出现自我意识的重要契机。

好友曾告诉我一件改变了他人生轨迹的事：

他出生在宁夏的一个小乡村，那里教育资源落后，学习氛围也不浓厚。在这样的环境中学习，他一直都浑浑噩噩，从来都没有意识到学习的重要性，也没有人告诉过他学习很重要。

农忙时节的一天，看到他无心劳作，父亲对他说："谁的福谁享，谁的罪谁受，你年龄也不小了，选什么路自己要看清。"父亲的这句话让他了解到了一个正确信息：我需要为自己的选择负责。

从那时候开始，学习就成为我这位朋友的唯一武器，助他一路前行。

是啊，我们应该明白，不管是学习还是其他事情，我们都需要为自己的选择负责。道理很简单，但如今有很多孩子甚至成年人都不明白。

孩子的学习动力通常来自两个方面：一是内生动力，二是外在动力。这两种动力就像紧挨在一起生长的两棵大树，它们的生长并不是同步的，而是此消彼长。著名作家龙应台曾对儿子安德烈说过："孩子，我要求你用功读书，不是想让你跟别人比成绩，而是希望你将来拥有选择的权利，选择有意义、有时间的工作，而不是被迫谋生。"学习是孩子自己的事。只有认识到这一点，孩子才能珍惜学习机会、享受学习过程，进而努力学习，收获好的结果。

父母并不是孩子的保护伞，学习的过程，就是孩子为自己制造"保护伞"的过程。作为孩子，只有好好学习，才能为自己未来的生活奠定基础。

在读书的过程中，父母只能起到一定的引导作用，真正投入学习并为之努力的是孩子本人。

时代在不断进步，不会学习、不懂学习、放弃学习，就很容易被社会淘汰。只有主动学习，并习得一技之长，才能提高自己的竞争力，将来才能更好地立足社会。

该书从"为何要读书"引入，突出了读书的目的性和重要性。然后，从读书习惯的养成和读书方法的掌握两方面进行详细介绍，为孩子们提供了众多提高读书和学习效率的好方法，比如，确定目标，提高专注力，勤奋努力，做好时间管理，等等。

青少年是未来的希望，青少年时期也是学习的关键时期。只有在这段时间学会读书、善于学习，才能汲取更多的知识，取得理想的成绩，为将来的人生打好基础。

当今社会，对于孩子来说，读书依然是成功的一条捷径，与其在将来的某天后悔，倒不如现在抓紧时间读书和学习，为自己将来的道路做铺垫。

目录

上篇　要为自己读书

第1章　想一想：你为何要读书 / 3
　　一、从《凿壁偷光》说起 / 4
　　二、读书到底是为了什么 / 7
　　三、记住：我们应该为了自己而读书 / 12

第2章　读书，能为你带来什么 / 15
　　一、看看华为董事会成员的毕业学校 / 16
　　二、不要再相信"读书无用论" / 19
　　三、读书，能让你变得"富有" / 22
　　四、丰富学识，才能提高个人能力 / 31
　　五、不读书，即使成功，也无法长久 / 34

中篇　用好习惯助力读书

第3章　立志向：要想读好书，就要先立志 / 39
　　一、知道自己想要什么，才能知道自己要读什么 / 40

二、读好书，确定目标很重要 / 43

三、急于求成，少了方向，只能一败涂地 / 49

四、保持读书的热情，梦想才会照进现实 / 51

第 4 章　有兴趣：以兴趣为引导的读书，最自由 / 53

一、多在感兴趣的事情上下功夫 / 54

二、努力发现自己的兴趣点 / 56

三、品尝读书之乐，发掘读书兴趣 / 57

四、保持兴趣的最佳方法是不断提问题 / 61

第 5 章　专注力：既然读书，就要集中注意力 / 65

一、"管宁割席"告诉我们什么 / 66

二、勤而不乱，专注当下的那本书 / 69

三、把握课堂"黄金 45 分钟" / 70

四、玩的时候好好玩，学的时候好好学 / 73

五、全神贯注地读书，远离"开小差" / 75

六、一次只做一件事 / 77

第 6 章　勤努力：读书需要努力，懒散终成空 / 79

一、你还记得"孟母断织"的故事吗 / 80

二、业精于勤，荒于嬉 / 82

三、不要为自己的懒散找借口 / 85

四、制订一个合理的读书计划 / 87

五、别让"等会儿就看"成为口头禅 / 90

第 7 章　有韧性：读书需坚持，不能半途而废 / 95

一、读书要有志，更要有恒心 / 96

二、即使感到无助，也要再坚持一下 / 99

三、遇到困难时，读本名人故事也不错 / 102

四、记住：问题，并不能将你打垮 / 104

五、有些事情既然无法改变，就要学着接受 / 106

第8章　珍惜时间：做好时间管理，不浪费 / 109

一、读书，就要懂得合理安排时间 / 110

二、做太多无意义的事，只能浪费时间 / 112

三、合理利用每一分钟，不浪费 / 121

四、读书要见缝插针，零碎时间同样宝贵 / 123

下篇　掌握有效方法，提高读书效率

第9章　有方法：掌握好方法，读书更有效 / 129

一、善于求知，敢于提问 / 130

二、把"要我读"变为"我要读" / 131

三、寻找读书的薄弱环节，并一举突破 / 135

四、找到属于自己的最佳记忆时间 / 136

五、读书要保有好奇心 / 138

第10章　读书方法：先走一步，做好预习 / 143

一、明确预习步骤，并坚持下来　/ 144

二、迅速浏览，使自己对新课胸中有数 / 145

三、选择真正适合自己的预习方法 / 148

四、不同科目，要采用不同的方法 / 151

五、做好假期预习，保证知识衔接 / 153

第 11 章　读书方法：重视课堂，抓住重点 / 157

一、少些好奇心，少些小动作 / 158

二、盯着老师，跟着老师的思路走 / 160

三、认真倾听老师的讲解和分析 / 162

四、脑筋动起来，积极回答问题 / 164

五、主动参与课堂讨论，不要做个"闷葫芦" / 168

第 12 章　读书方法：正确笔记，有效辅助 / 171

一、读书笔记的"七大招式"和"三大方法" / 172

二、这样做笔记，学习效率才高 / 173

三、笔记内容 / 175

四、整理笔记"七步法" / 177

五、用"5r 笔记法"，孩子学习成绩提升快 / 179

六、学会做读书笔记 / 181

第 13 章　读书方法：不要忽视了作业、复习和考试 / 185

一、认真做作业，查漏补缺 / 186

二、回忆上课内容，梳理知识点 / 188

三、做好复习，提高效率 / 190

四、正确应对单元测试和阶段考试 / 192

五、将试卷充分利用起来 / 195

后　记 / 198

上篇　要为自己读书

读书是为了谁？自己！不是他人！
想想看，我们究竟为何要读书？
读书，究竟能为你带来什么？

第1章
想一想：
你为何要读书

一、从《凿壁偷光》说起

在谈到孩子为何还要读书这个话题之前,我们先来了解一下《凿壁偷光》的故事。

西汉时候,有个农民的孩子,叫匡衡。他很喜欢读书,可是因为家里穷,父母没钱供他上学。后来,一个亲戚教他学习认字,才有了读书的机会。

由于家里穷,匡衡买不起书,但又想看,他只能跟别人借。当时纸张非常贵,书价自然也就非常高,有些人虽然家里有书,但一般都不愿意将书轻易借给别人。为了读书,匡衡想到了一个办法:在农忙的时节给有钱人家打短工,他不要工钱,只想借人家的书看。

几年之后,匡衡长大了,成了家里的主要劳动力。他整天都在地里干活,只有中午休息的时候,才能忙里偷闲读一点书,因此读完一卷书通常要花费他十天半月的时间。

匡衡很着急,就开始琢磨:白天没时间看书,晚上不用劳动,可以拿些时间来看书。想到这儿,匡衡的眉毛舒展开来,可是一个问题又立刻出现在眼前:家里太穷,买不起点灯的油,怎么办?

一天晚上,匡衡躺在床上背诵白天读过的书,当他将目光投向东边墙壁时,看到一线亮光。他"嚯"地从床上站起来,走到墙壁边一看,原来是隔壁家的灯光从墙壁缝里穿透过来了。匡衡喜笑颜开，拿出一把小刀，把墙缝挖大了些，透过来的光亮更多了。然后，借着这丝丝的灯光，匡衡读起书来。

后来，人们就用"凿壁、空壁、偷光、偷光凿壁、凿壁借辉、借光"等指勤学苦读，有时也引申为求取他人教益。由此可以说明：外因（环境和条件）并不是一个人读书的决定性条件。

此外，通过勤奋学习后取得成功的故事还有很多，比如，囊萤映雪、韦编三绝。

1. 囊萤映雪

（1）囊萤。

晋代时期，车胤从小就好学不倦，可家境贫困，父亲无法为他提供良好的学习环境。为了维持温饱，家里没有多余的钱买灯油供他晚上读书。为此，车胤只能利用白天时间背诵诗文。夏天的一个晚上，车胤正在院子里背文章，忽然看到许多萤火虫在低空中飞舞，一闪一闪的光点，在黑暗中十分耀眼。他灵光闪现：将许多萤火虫集中在一起，不就是一盏灯吗？于是，他找到一只白绢口袋，抓了几十只萤火虫放在里面，然后扎住袋口，把它吊起来，虽然不太明亮，但勉强可以用来读书。从那以后，只要有萤火虫，他就去抓一些来，当作灯用。车胤勤学好问，后来终有成就，官至吏部尚书。

（2）映雪。

孙康家里很穷,买不起灯油。一天半夜,孙康从睡梦中醒来,侧头看向窗户,看到一丝光亮从窗缝里透进来。他走近一看,原来外面下雪了,这光就是大雪映出来的。他想,既然如此,为何不用它来看书呢?孙康倦意顿失,立刻穿好衣服,取出书籍,来到屋外,外面比屋里要亮多了。就着雪光,孙康看起书来,如果手脚冻僵了,就起身跑一跑,搓搓手指。此后,每逢下雪,他都抓住机会,努力读书。靠着这种苦学的精神,他的学识突飞猛进,终成饱学之士,后来当了御史大夫。

俗话说的好:"勤能补拙是良训,一分辛劳一分才。"只有勤奋,才能让自己有所作为。如今的孩子住在宽敞的房子里,灯光明亮,环境温馨,还有什么理由不刻苦认真读书呢?

2. 韦编三绝

古时候的书是由竹简编制而成,一根竹简上少则几个字,多则十几个字。一部竹卷往往由几十甚至上百根竹简组成,为了方便存放和阅读,人们又用绳子等将竹简按次序编连起来。用丝线编连起来的叫"丝编",用麻绳编连起来的叫"绳编",用熟牛皮绳编连在一起的叫"韦编"。

孔子读书非常专注,他在读《周易》的时候,发现牛皮绳虽然牢固,但时间长了,也会断掉。为了不影响读书,孔子只能换掉断的牛皮绳,将书重新进行组装。如此,竟然读断了很多根牛皮绳。可是,即便如此,孔子依然觉得自己对《周易》的内容没有理解透彻。由此,便引申出了成语"韦编三绝",用来形容读书非常勤奋。

在人生不同阶段都有不同的使命。在青少年时期，学习掌握知识，获得成就人生的能力，就是这个阶段最重要的使命。为了完成这个使命，就要懂得放弃、学会付出，这不仅是学习和读书的必要，也是人生的一种修炼。

纵观我们身边的人，凡是取得一定成就的，都经过了艰苦的学习和努力。上天不会无缘无故地掉馅饼，只有通过自身的不懈努力，刻苦钻研，才有可能取得好成绩。

学习同样如此。看看身边的成功者，多数都是从高考的独木桥上一路拼杀过来的。小时候都有一大堆家庭作业要做，做得不好，还会被老师批评和训斥。虽然孩子的心智还不成熟，但依然要让他们勤奋学习。

二、读书到底是为了什么

1. 为了取得好成绩

当今社会唯分数论，使得有些孩子懒于读书，但为了得到高分，只能强迫自己学习。因为，他们知道分数的重要性！

生活中这样的场景很常见：

场景一：

期中考试成绩出来了，孩子某个科目没考好，情绪低迷、失落。可是很快他就重新投入到学习中，因为他知道只有认真读书、好好学习，才能提高成绩。

场景二：

刚进行完单元测试，孩子知道自己这次的成绩上不了90分。回到家后，就翻看错题本，看看有没有类似题目的解题思路。

场景三：

看到表哥考上了研究生，孩子心生动力，开始抓紧时间学习，因为表哥告诉他："自己之所以能考上研究生，就是因为自己的成绩达到了分数线。"孩子发现了好成绩的作用，于是决定重视学习。

这类场景，发生在很多孩子身上。在这些孩子眼里，自己之所以要读书，就是为了考高分，就是为了争得一个好名次。但他们没有想到的是，取得了好成绩，对自己有何种影响？

2. 为了将来找份好工作

自古以来，成绩好像都跟工作有着千丝万缕的联系。

古代时期，文人要参加科举考试，一旦考取了前几名，就能中状元、榜眼、探花等。之后，他们会被皇帝召见，就能加官进爵。

当今社会，很多孩子之所以认真读书，也是为了将来找一份好工作。虽然说"条条大路通罗马"，但学习终究是获得成功的一条捷径。

对于这一点，很多孩子都深有体会，于是开始认真读书。举几个身边的例子：

例子一：

2018年的时候，表姐参加公务员考试，成绩优秀，进入当地审计局工作。女孩非常羡慕，但她知道表姐之所以能拿到这份工作，就是因为成绩好。于是，为了将来不像爸爸妈妈一样在外面辛苦卖煎饼，她下定决心，好好学习、认真读书。

例子二：

看到同学被家人送到英国读书了，正在上初三的男孩也跟爸爸说想到国外留学。男孩跟爸爸说起自己的留学想法，爸爸问他："为什么要出去？国内教育水平也挺好！"男孩回答说："我想到国外学习一些新思想，毕业之后再回来，这段留学经历会为找工作加分！"爸爸和妈妈商量了一下，最后决定尊重儿子的决定，将儿子送出国深造。

例子三：

女孩博士生毕业，留校任教，学校分给她一套79平米的单元房。拿到钥匙的那一刻，女孩激动万分，自己十几年的努力终究没有白费。博士毕业，不仅工作有了，还有了房子！一举两得！

不可否认，好工作确实是好成绩带来的直接好处！

很多孩子之所以努力学习，一大原因就是为了找份好工作。因为好工作，不仅意味着高工资和高福利，还意味着好的人脉关系和高身价！为了不让自己长大后生活在社会最低层，很多孩子便拼命学习。

3. 为了让自己有面子

好成绩，有时候也意味着有面子。看看下面这些场景：

场景一：

正月初二，亲戚朋友都来给姥姥拜年，大人们聊起了孩子的学习。姑姑问男孩考了多少分。男孩挺起胸膛，大声说："语文95，数学91，英语93……"男孩从大人们眼中看到了肯定和惊讶，声音更高了："物理87……"

场景二：

到同学家玩，同学妈妈问起这次单元测试的成绩。女孩说，自己只考了93分，如果不粗心就好了！听了女孩的话，同学妈妈说："真不简单！我家孩子才考了80分！"然后，开始表扬女孩。女孩很享受这种夸赞，觉得倍有面子！

场景三：

放学回家，男孩发现家里有客人，原来是妈妈同事。同事们看到男孩回来，都表示了关怀，男孩应接不暇。这时，只听一个阿姨说："我闺女跟你是同班，叫×××，她说你学习成绩可好了，每次考试都是班级前三名！"男孩谦虚地表示感谢，同时心里升起一股由衷的自豪感！

虽然我们不以成绩论英雄，但好成绩确实会让孩子倍感骄傲！因此，为了维护自尊，有些孩子就会认真读书！

4. 为了让父母高兴

说起"为何要读书"时，很多孩子都会说"为了让父母高兴"！

确实！孩子学习成绩不好，父母就会因此烦恼、生气；看到孩子取得了好成绩，父母就会笑逐颜开，抢着给孩子改善伙食、买新衣服，难怪孩子们会为此而努力学习。

场景一：

看到妈妈每天起早贪黑地工作，男孩很心疼，为了不辜负妈妈的期望，他学习更努力了。早上6点起床，背英语；课间十分钟，翻看错题本；午饭后，写上午留的作业；下午放学后，不仅会完成老师布置的作业，还会做些课外题。

场景二：

女孩拿着数学试卷让爸爸看，95分！看到这个成绩，爸爸脸上露出了笑容。然后，拿出笔痛快地签下了大名。看着爸爸的笑脸，女孩对学习更有动力了。

场景三：

课上，老师问学生，你们为什么要读书？然后，按照座次顺序，让学生回答。

学生一一作答，轮到后排同学的时候，一个男孩站起来说："我读书，就是为了让父母高兴！"

"就是为了让父母高兴！"是的，孩子能体会到父母的辛苦，想为父母做些什么，但由于年龄小，不知道该做什么。这时候，他们就将目标瞄准了学习。因为他们知道，父母之所以如此辛苦，就是为了给自己营造好的生活和学习条件。既然家长如此努力，自己为何不努力？于是，他们通过努力学习来报答父母。

用好成绩赢得父母的高兴，或许就是他们读书的目的！

三、记住：我们应该为了自己而读书

读书的目的有很多，不管是为了好成绩，还是为了好工作；不管是为了面子，还是为了让父母高兴……所有的这些都是为了他人。这些目的固然可以接受，但学习的目的终归还是为了自己！因此，在孩子为他人、他事着想的时候，更应该为自己而读书！

儿子以优异的成绩考上了外国语大学，父亲感到很骄傲。

其实，儿子读高中时很懒散，对什么都不感兴趣，成绩一直都处在班级的中下游。父母都非常着急，思想工作做了不少，大道理也懂，就是缺少学习热情。

父亲感到很失望，逢人便说："我在单位当领导，经常给别人做思想工作，为什么就说服不了自己的儿子？"结果，就在父亲一筹莫展之际，机会出现了。

那天，国外留学归来的外甥来看舅舅，外甥能讲一口流利的英语，给他们讲述了许多国外风情，还讲述了自己多年拼搏而小有成就的经历。

儿子表现出了极大的兴趣，对父亲说："高中毕业以后我也要去国外留学。"父亲问："你怎么去啊？"儿子说："你给我筹钱。"父亲因势利导："有钱就可以了吗？你英语过关了吗？到了那儿，别说上课听不懂，恐怕出门连厕所都找不到。"

外甥在一旁说："要想到国外学习，英语是基本要求，否则怎么生活？在国外，只能靠自己谋求生存，要想站稳脚跟，就要学习、学习、再学习，因为每个人都知道学习是为了自己。"

从那之后，"学习是为了自己"这句话就深深烙在了儿子的心中，他像变了个人似的，经常说："我是在为自己学习，是为了出国深造，我要考上一流的外国语大学。"

生活中，面对贪玩的孩子，很多家长都会说："不要玩了，快去学习吧""学习这么差，怎么还没完没了地玩""都几点了，快起床写作业"……这时，孩子总会不耐烦地回答："又让我学习""又让我写作业""每天就知道让我学习，不让我玩"……一方是父母催促着让学习，另一方是自己想要玩，于是亲子之间就会频繁发生冲突。

孩子为什么会说出这样的话呢？因为他们根本就不知道为什么要学习，更不明白学习是为了自己。作为孩子的引导者，家长必须给孩子讲清楚这个道理，只有明白了这个道理，孩子才能打消被动学习、不愿意学习的想法，激发出学习的动力，从"要我学"转变为"我要学"。

1. 告诉孩子：只有学习，将来才能生存

众所周知，在这个世界上，只有阳光和空气是免费的，其他的都需要我们付出努力才能获取。因此，在孩子未成年之前，父母一般都会尽其所能为孩子提供最好的生活和学习条件。但是父母总会有老的一天，因此让孩子掌握基本的生存能力十分必要。而要想获得生存能力，首先就要读书。

如果孩子贪玩，不好好学习，没有考入理想的大学，只读到初中或高

中，是很难实现人生梦想的。只能从事一些没有太高技术含量的工作，这也是孩子为什么要勤奋学习的主要原因。因此，为了让孩子从小就知道"为了自己而学习"这个道理，可以问孩子这样一个问题："如果你是一家公司或大型企业的总裁，公司要招聘员工，应聘者有初中学历的、高中学历的、大学学历的，你会选谁？"相信孩子多半都会选择"大学生"。

2. 告诉孩子：只有读书，才能尽早地自立

在孩子还没有成年之前，他的衣食住行，都是父母辛苦付出的结果。可是，父母不可能一辈子都跟着孩子，当父母年老体衰的时候，孩子就必须自立。对于孩子来说，好好读书是自己最大的责任。只有好好读书，才能尽早地自立，才可以安身立命。

3. 告诉孩子：只有读书，才能实现梦想

对孩子来说，在从小学到大学的求学历程中，需要经历三次对接，而在这三次对接中，如果说小学是彩排，中考就是预选赛，高考则是最后的决赛。只有好好读书，才能以优秀的成绩完成初中与高中的对接，才能顺利进入重点高中的校门。

进入高中后，同样需要努力读书，才能以优秀的成绩完成高中与大学的对接；进入大学后，学一门自己喜欢的专业，毕业后才能找到一份满意的工作，完成大学与社会的对接，实现工作自立和人生自立。

对于孩子来说，如果不努力读书，只知道贪玩，总是让爸爸妈妈在背后催促，就无法考入初中或高中，实现自己的大学梦想。因此，为了自己的前途，为了将来更好地自立，一定要督促自己好好学习，并记住"学习是为了自己"！

第2章
读书，能为你带来什么

一、看看华为董事会成员的毕业学校

先给大家讲一个小故事：

同学 A 高考后选择就读了一所 211 大学，同学 B 则选择了专业比较稳定的大学，但这个学校并不是 985，也不是 211。

大学毕业后，两人同时找工作，一个投递了很多份简历，却处处碰壁；另一个一毕业就被名企签约。因为很多公司直接点名，非"985、211"的学生不要。

名校学历的重要性由此可见一斑。那么，到底什么是"985"和"211"呢？

211：一般是指"211 工程"，是新中国成立以来由国家立项在高等教育领域进行的规模最大、层次最高的重点建设工作，旨在建设 100 所左右的高等学校、重点学科，使其达到世界一流大学的水平。

985：一般指"985 工程"，也称"世界先进水平的一流大学"工程，最初入选"985 工程"的高等学校共有九所，随着大学教育和师资的不断发展和政策调整，"985 工程"的数量不断增长，截至 2019 年年末，共有 39 所高校。

"985"和"211"是对大学水平的肯定，其优势主要体现在：

1. 师资力量雄厚

要想进入名校从教，对教师资质的要求就非常高。这里，博士几乎遍地开花，院士的数量也非常多，师资队伍强大，专业水平必然也更高。在同样的时间里，孩子能接收到最直接的学术灌溉、能吸收到最先进的专业知识。

2. 教学设备先进

有了国家的支持，很多项目都能在大学落地实施，在这类大学中，孩子既能获得更好的学习体验，也能接收到国内外最前沿的信息和技术。孩子可以体验到先进的教学设施，能够进行最精确的研究，积累了丰富的项目经验。

3. 良好的学习习惯和方法

高考的胜利者大都是名校的孩子，他们掌握着正确的学习思维方法。在这种环境中，同学之间相互学习和影响，便于个人的不断成长和提高。而好的学习习惯和方法对孩子的未来有着长远影响，这也是众多企业信赖名校毕业生的原因之一。

4. 极佳的人文熏陶

大学四年的熏陶，会提高孩子的素养和思想高度。经过浓厚的人文熏陶，孩子就会实现心灵的蜕变。

在现实中，名校能带给孩子的简直太多了。通过以上这几点，相信大家都明白了为什么名校是"敲门砖"，虽然"985""211"不是衡量与评价孩子优秀与否的唯一标准，但有个名牌大学的学历对孩子的就业来说还是非常重要的。

面对同样陌生的应聘者，企业之所以会选择名校毕业生，多半是为了更稳妥。虽然非名校毕业生中也不乏优秀者，但企业主并不能一眼看出谁是谁不是，只能求助于概率学，而名校中的优秀者概率更高。

　　董事会是公司经营管理的最高责任机构，主要负责公司经营的指挥和管理，承担着带领公司不断前进的使命。华为公司是"全员持股"公司，董事会成员由持股员工代表选出，这样就对董事会成员的能力提出了更高的要求，必须是能为华为做出贡献的优秀人才。

　　华为董事会共有17名成员，如下表1-1所示：

表1-1　华为董事会成员毕业院校表

姓名	毕业院校
阎力大	本科，清华大学。
余承东	本科，西北工业大学。硕士，清华大学。
李英涛	博士，哈尔滨工业大学。
汪涛	硕士，西安交通大学。
郭平	硕士，华中理工大学，现华中科技大学。
胡厚崑	本科，华中理工大学，现华中科技大学。
彭中阳	本科，华中理工大学，现华中科技大学。
孟晚舟	硕士，华中理工大学，现华中科技大学。
丁耘	硕士，东南大学。
徐文伟	硕士，东南大学。
姚福海	本科，电子科技大学。
任正非	重庆建筑工程学院，现重庆大学。
陶景文	北京邮电大学。
何庭波	硕士，北京邮电大学。
梁华	博士，武汉汽车工业大学，现武汉理工大学。
徐直军	博士，南京理工大学。
陈黎芳	西北大学。

　　从上面可以看到华为的董事会成员有这样几个特点：

1. 有多位华中科技大学校友

　　在所有的成员中，有4位董事会成员毕业于华中理工大学，也就是现在的华中科技大学，其中就包括华为总裁任正非的女儿孟晚舟。华中科技大学是著名的985高校，实力非常强悍，计算机科学与技术、光学工程、机械工程、电气工程、材料科学与工程等学科都比较强。

2. 基本上都毕业于名校

这17位董事会成员基本上都毕业于名校，其中有4人分别毕业于清华大学、哈尔滨工业大学、西安交通大学，都是我国顶尖985高校。另外，还有8人分别毕业于华中科技大学、东南大学、重庆大学、电子科技大学，也是985高校。剩下的5名董事会成员分别毕业于北京邮电大学、南京理工大学、武汉理工大学、西北大学，这4所大学虽然不是985高校，但也是实力很强的211大学。

能够考入名校的孩子，无论是品格，还是智力，都必然是十分优秀。虽然很多人不服气，但事实就摆在这里，到名校就读，孩子的见识要远高于其他一般院校。

在这样的学校里，孩子为了实现自己的理想，必然会默默奋斗，当这些人毕业后，会成为国家建设最强有力的资源。很多企业在招聘时，都更倾向于名校毕业的孩子。如果出身名校，专业素养又很高，何愁找不到工作？

二、不要再相信"读书无用论"

现在，很多人都在宣扬"读书无用论"，认为即使学历再高，也不一定能找到好工作、挣得高收入、飞黄腾达，更不能让家人"一人得道，鸡犬飞天"！须知，学历只是一块"敲门砖"，个人的未来发展和成败还在于个人努力。

通过学习和读书，不仅能够提高个人的思维水平，个人能力还能得到锻炼，成为受益一生的宝藏。读书，虽然不一定能助我们一飞冲天，却能让我们不至于过得太差。如今，高考依然是人生升级的最佳途径。读好书、上大学、学本领，相较于其他"路"，更容易成功。下面的几个例子足以说明。

1. 百度创始人李彦宏

百度是中国的互联网巨头企业，基本上是家喻户晓。1987年，19岁的李彦宏考取了山西阳泉市的高考状元，进入北京大学图书情报专业（现信息管理专业）就读。在填报高考志愿时，他选择了信息管理系，因为他意识到：将来计算机的应用肯定会很广泛，与其单纯地学计算机，倒不如把计算机和某项应用结合起来。

2. 京东创始人刘强东

1992年7月高考，刘强东的成绩位居全宿迁第一名，副县长还亲自给他送了大红花。当时，以刘强东的成绩，完全可以上清华大学物理系，但他选择了人大社会学系。毕业多年后，中国人民大学校庆80周年之际，刘强东捐赠3亿元人民币，设立了中国人民大学京东基金，创下了该校建校以来最高的社会捐赠纪录。

3. 恒大集团创始人许家印

小时候的许家印家境贫寒，经常要面临辍学的窘境。可是，许家印并没有放弃求学的信念，反而坚定了"知识改变命运"的决心。1977年国家恢复高考，许家印立刻报名，结果因为准备太过仓促，没考上。第二年他选择了复读，最终如愿考上了武汉钢铁学院（现武汉科技大学），在人口达1000万的周口市，他的成绩位列前三。

举了这么多例子，不是说高考状元必定是成功人士，而是想告诉大家：只有经过知识的积淀，才能有宽广的眼界，才能抓住别人看不到的机遇，才更容易成功。这就是所谓的越努力，越幸运！

读好书，成功的概率更大。学历不是一张纸，它代表着一个人的学习经历和成果。

很多人都说"寒门难出贵子"。但很少有人想过，真正的"圈子固化"就是从人们相信"读书无用论"开始的。生活在小县城的人，最喜欢说的话就是："你看谁谁谁，没读什么书照样混得好""女孩读大学有什么用，最后还不是嫁人生子""这些大学生，毕业后还得给没文化的人打工……"事实真是这样吗？局限于"井底"，只能看到井口宽的天空；只有跳出来，去到北上广等大城市看看，才能意识到学历对一个人的重要。

中科院曾做过一份调查，发现越贫穷的地方越认同"读书无用论"：在村庄贫困层，认同度为62.32%；农村中间层，认同度为37.24%；年收入1万元以下的村庄贫困层，认为读书无用的比例最高。

现实情况也确实如此，在农村，读书无用论正愈演愈烈！许多孩子过早地辍学，过早地感受到赚钱的快意，然后还嘲笑起还在读书的同龄人。而那些高就的人，可能嘴上会说读书无用、学历不重要，但他们的子女却拥有着高学历或正在名校就读。他们不会让子女过早地赚钱，反而会创造机会让子女接受更好、更先进的教育。对他们来说，读书不是为了学历，而是为了提高自我、自我成长，是为了"复制"精英。最终，通过读书、接受教育，他们留在了上层社会。可悲的是，无数底层人还以为读书真的没用。

有人说："北大毕业又怎样，还不是也有卖猪肉的。"是啊，北大确实出了个卖猪肉的陆步轩，可很多人不知道的是，靠着卖猪肉人家的身家已经过亿。同样是卖猪肉，差别怎么就如此大呢？高校文凭虽然不一定能让你挣很多钱，却能拓宽你的思维，让你不至于局限于谷底。

对于孩子们来说，在校园里努力读书学习，考上更好的大学，对人生大有助益。即使真正走入社会后，也要坚持学习和读书，不断充实自己，因为不学习就会退步。社会高速发展，要想跟上时代发展的潮流，就要将各类知识兼收并蓄，融会贯通。

梁晓声曾说："多数人没有家庭背景、没有贵人相助，想要上升，靠什么？只有读书，花钱最少，全凭自觉。"对于普通人来说，读书才是改变命运的最有效方式。网上流传的"读书无用论"，最好不要相信。一定要告诉孩子：只有勤读书、长知识、学科学，不断充实自己，才能有所成就，才能成为对国家、对社会有用的人。

三、读书，能让你变得"富有"

1. 书中自有黄金屋，书中自有颜如玉

"书中自有黄金屋，书中自有颜如玉"意思就是：只要踏实读书，自然能得到财富和美女。"颜如玉"指的是女子的美丽或代指美丽的女子。

古时候，多数男人都希望遇到"颜如玉"，而"颜如玉"就在《诗经》里，在唐诗宋词里。这句古诗告诉我们，只有多读健康有益的书，努力读书，才能为将来的幸福奠定基础。

史料记载，这句诗出自宋朝的第三个皇帝宋真宗。宋真宗是个比较有争议的皇帝，29岁登基，在位25年。初登宝座时，他勤政爱民，是个难得的好皇帝。可是，36岁时他亲自带领将士抵抗辽军，局势大好时，却跟对方结盟和解，约定每年给辽供奉财宝，丢尽了大宋的颜面。不过也正因如此，大宋得到了一时的太平，经济进入了空前的繁荣期。

宋真宗喜欢研究诗词，写下了这首流传千古的《劝学诗》。

劝学诗

富家不用买良田，书中自有千钟粟。

安居不用架高堂，书中自有黄金屋。

出门莫恨无人随，书中车马多如簇。

娶妻莫恨无良媒，书中自有颜如玉。

男儿欲遂平生志，五经勤向窗前读。

这首诗朗朗上口，平实如白话，当时在宋朝民间十分流行，各大书院更是奉为哲理。

在"万般皆下品，唯有读书高"的年代，这首诗虽然有些功利，不被圣贤看好，却有一定的道理，让寒窗苦读十年的学子，找到了一丝慰藉和希望。这首诗流传到现代，最有名的就是"书中自有黄金屋，书中自有颜如玉"。

前四句，用寒门才子的四个人生不如意起句，道尽了他们一生可能遇到的心酸：没钱买良田、没安身之处、出门没有仆婢相随、娶不到老婆。宋真宗虽然是高高在上的皇帝，对学子可能遇到的困境却十分了解。然后，以四个"书中自有"来安慰，十分巧妙。

最后一句，是对前四句的总结。虽然前四句中说得有一定的道理，但"男儿欲遂平生志"中将这些当作男人的志向，未免有些偏颇了。但也有人认为，男儿只有"先齐家"才能"平天下"，如果物质得不到保障，即使有千般抱负，也是枉然。

"书中自有黄金屋，书中自有颜如玉"告诉我们，书上什么都有，只要认真学习，刻苦攻读，就能得到自己想要的。汉字文化博大精深，通过读书，就能获得自己想要的任何知识。好书是作者的心血，作者将自己的宝贵经验都写进了书里，认真读书，就能了解知识，明白处事道理。具体来说，读书的好处如下：

（1）做个有修养、有内涵的人。生活中，很多人会说，某人是个粗鲁的人。其实意思就是，这个人没文化。通过读书和学习，就能理解事物的本质，对于很多事情，不用采取武力，依然可以有更好的方法解决。在读书过程中，个人的文化素养也就提高了，在他人眼里就会是一个有涵养的人。

（2）增加知识了解世界。目前，书籍的种类很多，包括哲学、社会科学、政治、法律、军事、经济、文化、语言、艺术、历史、地理、天文、医学、卫生、农业等，想学习任何知识，都可以读相应的书籍。

（3）能得到一份待遇优厚的工作。毕业后，很多青年人都找不到好工作，原因之一就是上学时不努力、成绩不好。而各科成绩都名列前茅的，很可能会被公司优先录取。努力学习，才能为将来的升职加薪打好基础。总之，只有提高个人受教育程度，努力学习，才能得到理想的工作。因此，要在读书和学习上多花点时间和精力。

2. 读书破万卷，下笔如有神

"读书破万卷，下笔如有神"的意思是：读的书多了，就能理解其中的含义了，形成自己的思维，灵活运用，写作的时候就会像有神仙的帮助一样，得心应手。

读书破万卷，重点有两个：一个是"万卷"，即广泛地阅读，涉及面很广；另一个是"破"，即深入钻研，精耕细作。如果说"万卷"是横向读书，追求阅读的量，那么"破"就是纵向读书，讲究阅读的质。最好的读书方法，是横纵结合，量质并举。

采用这种方法读书的人，历史上不胜枚举，比如韩愈、苏东坡、顾炎武、谭嗣同，再比如鲁迅、胡适、李大钊等，都是"广泛涉猎＋深入钻研"，从而取得了非凡的成就。

三国时期，吕蒙虽然是个武夫，却通过读书，最后成了文武双全的人。

吕蒙是个武将，不喜欢读书，孙权劝他读书，他就用军务繁忙作借口推辞。

孙权说："再忙，还能比我忙？我没事的时候就喜欢读书，自以为很有好处。"然后，孙权给吕蒙介绍了两种读书法：一个叫"治经为博士"，即纵向深钻；另一个叫"但当涉猎，见往事"，即横向浏览。

后来，孙权帐下的著名智囊鲁肃来到吕蒙驻军地，文官一般都嫌弃武官，觉得他们行为粗鄙，心存不屑。但两人沟通了几句后，鲁肃感到异常吃惊，吕蒙早已不是当年的"吴下阿蒙"了。

这就是读万卷书的好处。

现代科技越来越发达，获取信息的方式越来越多，也越来越便捷。数以亿计的信息，为"读万卷书"提供了条件，只不过人们都满足于碎片化的"知道"，很少有人关注"破"这个方向了。可是，有输入才能输出，要想持续地有东西输出，就得不停地阅读，不断从外界获取信息，闭门造车，容易"江郎才尽"。

（1）阅读能让自己成长的书。不谈全球，仅中国每年新出版的书就有几十万本，孩子的大脑容量有限，不可能全部装下，有限的生命拼不过无限的知识。所以，要引导孩子学会取舍。

书有好坏之分，许多书只能当作娱乐消遣或接收资讯用。每天的空闲时间都很有限，要珍惜，不要把宝贵时间浪费在娱乐书籍上。那么，什么书才有利于自己成长呢？判断标准是：能提高自己的能力，能解决实际问题。面对同样一本书，如果觉得确实不错，就可以直接拿来阅读。除了观点外，还可以研究作者的文法逻辑和整体架构，认真学习。

（2）学会独立思考。如今，网络信息泛滥，孩子们已经习惯被媒体牵着鼻子走。以前是各种纸媒，现在是自媒体大咖、意见领袖。站在领袖身后，随众人振臂齐舞，不需要耗费一丝心力。为了避免这种"僵尸"般的努力，孩子们还应该学会在思维上独立。

一本好书肯定有许多人在读，在网络上随便一搜，就能找到相关的书评或感悟。笔者建议，在自己没有读完之前，不要过早地去看这些读后感，否则容易产生先入为主的现象。如果个人能力不够，还会陷入对方的思维里，没有自己的想法，时间长了，就会产生依赖。

通读之后，即使看得不太懂，也已经了解了大概，然后再去看别人的书评，就可以与他人对话了。这也是锻炼独立思考的好方法。

（3）在书中学习写作技巧。一本好书的作者，个人能力肯定不差，要跟他们学习写作技巧与方法。

一是找出书中隐藏的骨架和主要故事情节。一本书如同一个人，必须依靠骨架的支撑，才能立起来。读者的任务就是找出书中骨架，但作者会故意把骨架隐藏起来，并添加血肉。优秀的作者不会将一个发育不良的骨架埋藏在一堆肥肉里，同样也不会瘦得皮包骨，让人一眼就看穿。只要拨开血肉，把作者费尽心机隐藏的骨架呈现出来，就可以看到作者的文章布局了。找到书中骨架后，就能明白这本书在讲什么，主要情节非常清晰。把书中的故事情节梳理出来，不加任何修饰，就能把这些知识转换成自己的。

二是找出书中的主旨与论述特点。主旨就是作者想说什么，论述特点就是他是怎么说的。写文章与写一本书所做的事情基本一样：先确立框架，然后用故事充实内容。从书中找出作者要阐述的主旨，学习他的文法与用词。知识是隐性的，不是实物，无法触摸，要想明白作者所说的主旨或论述，可以使用一个方法自测：能否用自己的语言复述作者的论点。能用自己的话把别人的观点明白地讲出来，保持逻辑通畅，用词恰当，就说明你已经理解了；如果做不到，就说明你还不知道对方在说什么。

3. 读书，给予你不断向上的力量

网络时代，青少年都是根据自己的兴趣来关注信息的，对自己感兴趣

的信息一般都很熟悉，对其他信息就会置若罔闻。如此，一旦遭受了挫折，比如：挨了老师批评、考试失利等，就容易受不良情绪的影响，轻则变得平庸，重则走向极端。比如，遇到问题，只会逃避，选择沉迷网络游戏等。

想让自己的精神力量变强，途径一般有两个：一个是进入好学校，接受优秀老师的面对面授课和训导；另一个是找到自己的人生导师，通过拜师来学习。可是，这两种方法都不适合当今的青少年，既想接受优秀人才的教导，又想学习，只有通过读书了。

日本，曾经发生过一件凶杀案，警察抓住了凶手，法院判了死刑。审判员问他："如果能回到过去，你希望回到什么时候？"凶手回答说："我想回到学生时代，多读些书，多学习些知识，改变自己的认知。"

这个例子虽然比较极端，但读书对一个人精神世界的影响由此可见一斑，能丰富一个人的精神世界，思想不易走极端。阅读优秀的文学作品，学习丰富的知识，个人的精神世界就能不断丰富，思想和精神得到升华，个人的精神力量也会变得更强。

读书，可以影响人的一生；认真学习，更能给予孩子积极向上的力量。

在读书的过程中，孩子能够了解到一些英雄或学习的榜样。不管是保家卫国的军人、关爱孩子的老师，还是精于研究的科学家，以及涌现出来的各式英雄人物，孩子都能通过读书，进行更深入的了解。

读书的过程中，孩子会自觉或不自觉地将自己的思想和行动与他们进行比较，向心中的榜样学习，慢慢地，也就提高了自己的道德素质和思想意识。比如，读了"六尺巷的故事"，与同学发生矛盾时，孩子就会主动退让，学会与周围的人和谐相处。

读书，不仅能让孩子增长知识才干，还能充实精神世界、修炼人格品行。只有养成良好的读书习惯，才能得到很多。

（1）读文史经籍，就像走进温馨的精神家园。通过读书，既可以看到孔子、孟子、老子、庄子、屈原等先哲圣贤，也可以接触到陶渊明、李白、杜甫、苏轼、曹雪芹等文人墨客。在这些人中，有人在黄河岸边驻足，酝酿出了"逝者如斯夫，不舍昼夜"的亘古命题；有人站在汨罗江畔，垂泪吟诵"长太息以掩涕兮，哀民生之多艰"的警世恒言……他们所处时代不同、信仰不同、经历不同，但都有一种悲天悯人的情怀，都在思考"生与死、乐与苦、福与祸"等人生命题。阅读这些书，学习这些知识，孩子的意识就能更加开明。

（2）读文学作品，欣赏千姿百态的人文景观。只有阅读传世行远的不朽佳作，才能真正了解世界的丰富和人性的绵延。典型环境里的典型人物，比如：莎士比亚戏剧中的哈姆雷特、歌德长诗中的浮士德、老舍小说中的祥子……他们的人生际遇，他们的悲欢离合，他们的心路历程，都能让孩子在潜移默化中得到熏陶和净化。读名人传记，犹如与伟大的人物对话，与崇高的灵魂交流，孩子就能在不自觉中提高境界，汲取力量。

（3）读理论原著，看绚烂的思想星空。那些追求真理、寻求"主义"的思想巨匠，对大千世界进行了哲学思考，对人类社会的规律进行了探究，用朴素而严密的逻辑语言，凝结成足以引领社会运转的理论体系。了解并掌握这些理论体系，孩子的思想就能得到丰富。

4. 读书，能够让你成为道德高尚的人

高尚品德的形成，都离不开读书，只有精于读书的人，才能拥有高尚的品德。

人的一生会遇到很多不如意，感到痛苦和绝望的时候，只能通过两种方式找到慰藉：第一，认真读书，进入精神世界中去；第二，出去旅游，进到大自然中去。二者都是寻找人生栖息地的最佳方式。对于孩子来说，拥有这两项法宝，就能在人生路上找到自己的心灵港湾。

孩子的良好品德不是天生的，而是在后天的学习和生活中逐渐培养起来的。青少年的心灵就像一块璞玉，需要知识的刻刀来精心雕琢。读书可以使孩子明辨是非，树立正确的价值观，培养良好品德，塑造健康人格。不懂读书重要性的孩子，很难成为一个品德高尚的人。

出生在 20 世纪七八十年代的人，多数都读过小人书或连环画。那时候，玩具很少，但经济条件稍微宽裕的父母，只要手里有点零钱，就会给孩子买些"小册子"回来。那时的孩子只要逮到书就看，却很少能接触到世界名著。

过去的农村，贫穷、落后、闭塞，书很少，给那一代人的阅读造成了很大的障碍。但即便如此，在父母的影响下，有些孩子依然养成了热爱读书的习惯。通过读书，实现了内外兼修，遇到挫折时，他们就能修炼自己的灵魂。

读书，是奠定孩子一辈子高尚品德的基础。从小多阅读多学习，行动力就更强，就能学会动手、自理、独立，也就是所谓的先读而后行。

收拾房间、扫地、做饭、洗衣服等家务事，都需要父母的悉心培养和耐心配合才能做好。把重点放在能力的培养上，很可能忽略了品德的培养。因此，要想让孩子成为一个道德高尚的人，就要鼓励他们多读书多学习。

（1）读书学习是提高个人素质和修养的重要途径。只有多读书、读好书，才能汲取思想营养，培养高尚的品德，树立正确的人生观和价值观，才能具有责任感和使命感。思想是孩子行动的指南，思想有多远，行动就能走多远。在读书学习中，孩子的个人素养会逐渐得到提高和完善，以正确的思想为基础，才能明确行动方向。

（2）多读书，读好书，才能有高尚的思想和行为。思想越深刻，行为才会越自觉，人生的定位才能越清晰准确。博览群书并善于思考，孩子才会以高标准来严格要求自己，才能保持思想和行动的高度统一，成为品德高尚的人，不会为了个人利益而不择手段。

四、丰富学识，才能提高个人能力

读书，并不仅仅是在知识的海洋里遨游，更是在接受知识的洗礼；与其说是孩子在掌握和运用知识，倒不如说是知识把孩子改变了。每个孩子都是不完美的，只有通过读书，才能重塑自己，让他们脱胎换骨，从丑小鸭变成白天鹅。对于孩子来说，最大的悲哀是浪费天赋。

晨阳非常聪明，从小学就开始上奥林匹克数学辅导班，只要一举办竞赛，他就参加，一参加就得奖，每次都稳居全年级第一名的位置，只有一次是和另一个同学并列第一名。可是，他的代数却学得一塌糊涂，在班里排到二十几名。

看到别人都夸自己，晨阳觉得自己了不起，上课也不认真，觉得自己这么聪明，考前临时突击一下就能过关。高一上半学期期末考试，他在班里处于前10名，可之后成绩越来越差，就像坐上了滑梯。代数老师甚至专门找他，劝他端正态度，他却依然如故。

有一次物理课，晨阳只认真听了5分钟，老师出了一道难题，全班只有他一个人举手，而且还答对了。晨阳沾沾自喜，到处炫耀说："我只听了5分钟物理课，就能解决一道难题。"

晨阳把读书看成应付差事，当成苦事，能躲就躲，既没有养成积累知识的习惯，也没有从学习中找到乐趣。最终，什么大学也没考上，失去了继续深造的机会。

对于孩子来说，读书是学习进步、扩大知识面、取得成绩的重要途径。

对于每个人来说，学习是一辈子的事情！俗话说得好："穷人不学，穷无止境，富人不学，富不长久。"要想提高孩子的综合能力，要利用一切时间，加强学习。

当然，要想灵活地运用自己学过的知识，使用的时候能够信手拈来，就要养成随时积累的习惯。

1. 制作一些小卡片

周末的时候，如果孩子去资料室、图书馆，要让他们在包里、口袋里装上卡片，看到有价值的资料，就随时记下来。一段时间以后，再让孩子把卡片分门别类地集中在一起，归纳整理到卡片盒子中。同一类的资料分在一起，做个指引卡备用，需要用资料的时候，到卡片盒先查一下，能达到事半功倍的效果。

2. 认真做好记录

正所谓"好记性不如烂笔头"，可以让孩子提前准备一个笔记本，把平时读书、看报、听广播、看电视、看电影以及与人交谈等活动时发现的有用材料，认真记录下来，然后分类整理，拟上标题，并在开头编上目录。这样，不仅便于查阅，还有利于培养孩子发现问题和分析问题的能力，提高他们的写作水平。

3. 将好词好句抄下来

让孩子准备一本"词语摘抄本"，从日常学习和课外阅读中，将形象具体、鲜明准确的词语分类记在词语本里。例如，把表达心情愉快的词语放在一起，把描写天气的词语放在一起，把描写景物的词语放在一起……这样做，就能积累众多写作材料，培养语感，进而促进语言能力的提升，使用的时候，就能自如下笔了。

4. 有所感，有所悟

经常写读书笔记，并把读书过程中产生的问题和读后感用文字记录下来，有利于提高孩子的写作能力。但值得注意的是，如果孩子不想写或没时间，就不要硬性要求一定要写读书笔记。其实，写不写读书笔记有时并不是很重要，重要的是要读有所悟、思有所用。

5. 剪一剪、贴一贴

让孩子将报刊上的文章、材料剪下来，分门别类地贴在剪贴本上，并注明作者和出处，使用起来就更加得心应手了。

6. 多背诵，多诵读法

在空闲的时候，让孩子多读书。好的书籍或文章不仅要品读，更要背诵下来，如此才能培养语感，丰富知识，陶冶性情，提高语文素养。

知识储备是一个长期的过程，不可能一蹴而就。在积累知识的过程中，要让孩子保持恒心和耐心，坚持不懈，善于动脑动手。此外，还可以让孩子根据自己的爱好、志向来确定积累知识的主攻目标，让得到的知识更丰富、更实用。

五、不读书，即使成功，也无法长久

人生就像一个储蓄罐，投入的每一分努力，都会在未来的某一天打包还给你。不要羡慕别人拥有的，只要愿意付出，同样可以拥有自己想要的。

如果孩子因为觉得读书苦，而选择了放弃，没读什么书就走入社会，那么孩子就像一个赤手空拳的士兵，面对命运这位强敌时，缺少护身铠甲，很容易被打得遍体鳞伤，毫无还手之力。

为了证明自己，很多孩子都会津津乐道于几个文化不高、但事业有成的名人。可事实是，这类人只是极少数。多数不爱学习的孩子长大之后都会明白：年少的疯狂只能换来一生的卑微，即使取得了一定的成绩，也是暂时的，不会维持太长时间。

下面是一位青年人李涛的讲述：

小学时练书法，每个周末李涛都要背着墨水瓶去老师家。一次由于瓶子没拧紧，墨水把包里的文具都染脏了，李涛生闷气，觉得书法太讨厌，不仅难学还容易弄脏东西，学了几天就不愿意去了。

升入高中后，语文作文总拿不到理想的分数，李涛硬着头皮问老师原因，老师说："文笔不错，就是字写得丑了些。"

学校组织作文比赛，老师建议李涛："写完了，找个字写得好看的同学帮你抄一遍，否则得奖的可能性很小。"

大二的时候考驾照，教练脾气很不好，李涛被骂哭两次，羞辱智商N次。他跟自己赌气，说过阵子再学，后来干脆就没再去驾校。大学毕业时，他依然没有驾照。

过年回家，李涛所在城市的出租车，春节不开计价器，10元钱的路程，却漫天要价地说："50元，不坐拉倒！"

家人都很忙，家中虽然有闲置的车，可是李涛不会开，只能搭乘出租车，送上门给人家挨宰。

所有偷过的懒，都会变成打脸的巴掌！

青少年时期，越嫌麻烦，越懒得学，后来就越可能错过让自己动心的人和事，错过新风景。当今社会，已经在惩罚不读书的人。要想让孩子获得长久的成功，就要让他们认真读书。

1. 努力读书，才能选择想要的生活

孩子总有一天会长大，要肩负起自己的人生责任。但很少有孩子知道：在这个世界上有多少人每天埋头苦干却只能勉强维持温饱，有多少人拼命工作却只能蜗居在地下室……努力读书，学习一技之长，虽然不一定

能让孩子成为百万富翁，却可以选择一份自己喜欢的工作，而不是被工作选择。

2. 努力读书，才能结交更优秀的朋友

虽然我们不认同"一定要交有用的朋友"这种功利看法，但是不得不承认，结交优秀的朋友，能使孩子受益终生。

跟优秀的朋友来往，孩子就能从他们身上学到很多，比如，责任、坚持、好习惯；还能更好地了解自己，更清楚地认识到自己的优点和不足；大家可以一起成长，一起进步，一起变得更优秀。不努力读书，孩子就很难结交到优秀的朋友。

朋友都是一个圈子里的人，努力刻苦的人一般都不会跟不学无术的人成为好朋友，不是因为看不起或配不上，而是因为两种人的价值观不同，没有共同语言，无法沟通和交流。

中篇　用好习惯助力读书

好成绩的取得，离不开良好读书习惯的养成！
用兴趣来引导读书，效果才能提高很多。
既然是读书，就要专注、专注、再专注！
学习需要勤努力，懒散什么也得不到！
读书要坚持，不能半途而废。
做好时间管理，才能合理利用时间。

第3章
立志向:
要想读好书,就要先立志

一、知道自己想要什么，才能知道自己要读什么

读书没有目的，没有具体要求，东翻翻西看看，没有紧迫感，没有压力，收获就会甚微；目的明确，就会有紧迫感，思想集中，积极思考，自然就能获得显著的收获。

一个人的精力是有限的，一生中所能达到或实现的目标也是有限的，只有把有限的精力集中到一个目标上，才能取得更大的成就。

苏东坡曾经说过："书富如海，百货皆有。人之精力，不能兼收尽取，但得所欲求者尔。故愿学者每次作一意求之。"这里的"一意求之"，可以理解为要有一个明确的目标，围绕自己的目的来读书。

苏联著名教育家苏霍姆林斯基能够瞄准教育领域所关心的问题，追踪它的来龙去脉，潜心研究探索其中的规律。围绕这些问题，他孜孜不倦地读教育学、心理学、教育史以及各种教育方法专著，写了大量富有创见的论文，被誉为"学校的百科全书"。

苏霍姆林斯基经常告诫孩子说："在你的周围有一个浩瀚的海洋，必须严格慎重地选择阅读的书籍和杂志。求知旺盛的人是想博览一切，但现实中却很难做到。要限制阅读范围，排除那些可能破坏学习制度的书刊。"

可见，只有明确目标，才能在较短的时间内掌握更多有用的知识。

读书，就要知道自己想要什么。如此，才能知道自己要读什么。

1. 想要增加知识

读书的目的之一就是，获得知识、增长见识、开阔视野、智慧头脑。宋太宗说"开卷有益"，因此必须多读书，读好书。遇到跟自己的观点不同的书，也要拿过来看一看，甚至研究研究，从正反两面获得经验和教训，增加知识和才智。这些都是"为知"的需要，也是读书最基本的目的。

莎士比亚曾这样描述读书："书籍是全世界的营养品，生活里没有书籍就好像没有阳光，智慧里没有书籍就好像鸟儿没有翅膀。"品读书籍这一营养品，孩子才能认识世界、施展抱负、开阔眼界、增长阅历。

书里的世界五彩缤纷，观念也各不相同，读书可以增加人生经验，能让孩子见识从未历经的生活。比如，阅读余秋雨的散文，足不出户便可以游历大江南北，体会异域风情，感受文明的力量，品味历史的沧桑。

21世纪世界更加复杂多变，竞争也异常激烈，一定要知道：学习不只是孩子的任务，甚至还是将来在社会中立足、抓住机遇、迎接挑战的必由之路，而读书无疑是学习最重要的方式。对于孩子来说，只有将读书看作是一种永不疲倦的事来对待，博学而多才，才能满足"为知"的需要，实现读书的基本要求和目的。

2. 想要让自己得到提高

有些孩子读书的目的是为了修身、正己，升华人格和情操，修养身心，明理睿智。"腹有诗书气自华"，只有练好"内功"，提高自身的素质和修养，身心才能健康发展，这也是古今读书人共同追求的目标。

现实生活纷繁复杂，久处其中的孩子难免会因琐碎小事而迷了心志、乱了头脑，这时完全可以静下心来，读一读先贤、智者的智慧结晶，厘清纷繁思绪，明确人生目标。

读书，能让孩子知道身边正在发生的变革，只有少些惧怕和等待，积极采取行动，才能以最佳的状态迎接它、利用它，把每次变革都变成孩子成功的起点。

"读万卷书，行万里路"，是对为己读书的最好诠释。读书，可以让我们增强本领，提高资本，获得美好的人生。

3. 想要为社会和人们提供服务

有些人读书的目的是：感谢生命，关爱他人，报效祖国，服务人民。如此，读书的目的也就提高了一个层次，但仅做到这一点还不够，还应该"为人""为百姓"而读书。"为人"是读书人志存高远、胸怀天下的最高境界。

读书的妙处，不在于所得，而在于所用。书本上的文字更接近纯粹的理想和真正的智慧，能给孩子带来更多的教益，每读一次都能有所知、有所获，并以此造福他人、造福社会；真诚地对待自己的学习和生活，勇敢承担责任，认真履行每一个承诺。这正是新一代青少年应该毕生追求和付诸实践的。

二、读好书，确定目标很重要

1. 确定目标，读书之路才能走得更稳

目标对于孩子的成功到底有多重要呢？

哈佛大学曾做过一个著名的跟踪调查，时间长达 25 年。他们对一群智力、学历、环境等客观条件都差不多的年轻人进行了跟踪调查，调查内容为目标对人生的影响，结果显示：

27% 的人，没有目标。25 年后，这些人几乎都生活在社会的最底层，生活状况不尽如人意，经常处于失业状态，且愤世嫉俗，喜欢抱怨。

60% 的人，目标模糊。25 年后，这些人几乎都生活在社会的中下层，能安稳地工作与生活，但都没取得其他卓越成绩。

10% 的人，目标清晰但较短期。25 年后，这群人多数都生活在社会中上层，通过短期目标的不断实现，生活水平稳步上升，成为各行各业不可或缺的专业人士，比如：医生、律师、工程师、高级主管等。

3% 的人，目标清晰且长远。这些人几乎都成了社会各界顶尖的成功人士，占据着美国社会的精英位置。

由此可以得出一个结论：目标对人生有巨大的导向性作用。成功，在一开始只是一种选择，选择什么样的目标并为之努力奋斗，就会有什么样的人生。

目标的重要性不言而喻。同样，读书也需要目标。目标越明确，完成任务的愿望越迫切，注意力也就越集中和持久。在成长过程中，制定目标的过程，就是孩子的成长过程。

孩子的目标制定可以按照以下方法进行：

（1）跟学校教学目标保持一致。新学期制定学习目标的时候，要跟老师沟通，跟着老师的授课进程走。在学习方面，每科老师都为孩子制定了明确的学习目标，且有严格的学习过程。孩子在家里的学习目标，是学校学习目标的有效补充。所以，给孩子制定读书目标，首先要跟老师做好沟通。盲目地给孩子增加作业，很可能打乱孩子在学校学习的进程，给孩子增加压力。

（2）跟孩子一起分解目标。在孩子完成目标的过程中，应该由远而近，逐一分解，让孩子在实现目标的过程中找到荣誉感。比如，可以和孩子一起畅想未来，畅想20年以后的我、10年以后的我，在孩子热血沸腾的时候，引导孩子怎么做才能实现？如此，就将目标和现实紧紧地联系在一起。这时候让孩子选择，他就会知道今天该做什么。目标对孩子的激励作用也就实现了。

（3）亲子共同参与。制定孩子的学习目标，不能强加给孩子，首先要跟孩子一起充分探讨；然后，在此基础之上，实现彼此妥协。只有孩子同意了，才能挖掘他生活学习中的潜力，使他更好地约束自己，给成长带来动力。给孩子设计目标的时候，千万不要以别人的孩子为标准。因为每个孩子都有个性，要注重孩子的个性化成长。

2. 明确目标，才能养成读书的好习惯

目标是一种方向指引，可以为孩子提供行动的方向，并激励他们持之以恒地付出努力。

我国著名的数学家陈景润就是一个通过确立目标走向成功的人。

读书期间，陈景润从老师那里知道了攻下"哥德巴赫猜想"的学术魅力，就给自己定下了奋斗目标——攻下这一猜想！此后，陈景润便将自己的时间和精力都投入了进去，朝着这个目标勇敢前进，甚至达到了痴迷的程度。功夫不负有心人，陈景润终于取得了令人惊叹的成就。

目标是成功路上的灯塔，可以给我们提供努力的方向。

现实中，有些孩子虽然和其他孩子一样，为了学习，也付出了大量的时间和精力，但成绩却差强人意。根本原因就在于，缺少明确的目标。比如，学习函数时，只要算出最终答案就会停笔，很少有人会思考函数的规律，对其变化趋势缺少明确的探究。结果，虽然做对了题目，收效却很小。

取得优异成绩的那一刻着实令人欣喜，但学习过程也充满了挑战，家长一定要正确引导孩子，引导孩子减少时间的浪费，帮助孩子树立明确的学习目标。确定了大方向，后面只要踏实努力就行了。

习惯是一个人自动化的动作行为，读书或学习习惯同样如此。孩子只有养成了良好的读书习惯，才能提高学习效率，他们的人生才能格外精彩。那么，如何才能养成良好的读书习惯呢？笔者认为，可以从下几个方面着手：

（1）找到孩子的兴趣。兴趣是孩子做事的动力源泉：有兴趣、兴趣浓，事情就能做好；兴趣淡、没兴趣，事情就做不好。因此，兴趣在一件事情中所扮演的角色不能忽视。要想让孩子养成好的读书习惯，就要从他们的兴趣入手，从他们喜欢读的书目入手，一步步扩大阅读范围，增加阅读的时间，提高读书的质量。

当然，除了教材，还可以让孩子读些武侠小说或网络小说。只要觉得有趣，都可以拿来读。优秀的武侠小说和网络小说，也都经过了时间的检验，不仅主流，还具有极高的审美品位。比如，金庸的小说。孩子的兴趣不可能一成不变，会随着时间、年龄和环境的变化而发生变化。对于武侠小说和网络小说，青少年时期可能很喜欢，但随着年龄的增加、环境的变化，孩子的兴趣可能就不一样了。

同样，由武侠小说、网络小说等激发起的阅读兴趣也可以转移到其他读物上。因为这类图书激发起来的阅读兴趣，从某种意义上说，已经构成生活的一部分，孩子闲暇下来，首先就会想到读书。

（2）加强实践。读书的作用主要体现在两个方面：一是践行，二是著书立说。

践行主要是指：读了书中有益的东西，就要去实际生活中努力实践和体会。比如，儒家讲究孝道，以孝养父母的精神为最高境界，这需要继承传统文化中的精华。对于这类思想，阅读了之后，就要主动践行，如此才能有益身心、提高精神修养；只读不行，终归是空读。

至于著书立说，不仅可以提高个人的学问修养、人品德行，还能影响他人，终身受益。

书籍是伴随孩子一辈子的精神食粮，因此，培养好的读书习惯，会受益终身。一定要让孩子记住，要想读好书，就要努力养成良好的读书习惯。

3. 有了目标，才能提高读书质量

科学家曾做过"用自我监控的学习方式考察不同类型目标的激励作

用"的实验。为了搞清楚哪种类型的目标起作用，哪种不起作用，科学家将实验目标分为四种类型。

科学家选取了一些高中生，将他们分为四组：第一组学生，自己监控子目标，在完成任务的过程中，学生要一直关注子目标的完成情况；第二组学生，要看着自己的学习时间，关注自己的学习一共花费了多长时间；第三组学生，要关注自己的总目标，例如，考上名牌大学；第四组学生，什么也不用想，原来怎么学，现在就怎么学。

实验结果表明，第一组学生的学习成绩优于其他三组。

这个实验告诉我们，只有明确了具体目标，才有助于大目标的实现。整天稀里糊涂，不知道自己到底要做什么，一生终将无所作为。要想提升读书或学习质量，首先就要让孩子确立具体的、有挑战性的目标。

明确了读书目标，才能提高读书质量。当然，为了提高读书质量，还要注意以下几个方面的内容：

（1）学习速读。要想提高读书速度，学习的时候，就要提高速度。比如，拿到课本或辅导书的时候，可以用手指指着读，加快手指的移动速度，直到它促使你的眼睛比平时读得更快。刚开始时，可能不容易做到，但是慢慢地，速读就会变得很轻松。当然，每个孩子的理解速度也是不同的，不是每个孩子都能读得非常快。

（2）享受慢读。在速读的另一端，也可以让孩子学会慢读。有时，读一本书的最好方法是慢慢地读，边读边想。在这种情况下，孩子内心可能会产生少许的急躁情绪，不要让孩子因为没有读得更快而感到内疚，否则就无法享受到读书的乐趣的。

通常，孩子对于慢读的挫败感，一般都源于错误的态度：把书籍当成需要完成的任务,而不是可以享受且不易得到的乐趣。认识上发生了错误,慢读就会变成累赘。

(3)调整阅读速度。阅读的过程就像开着一辆搬家卡车在山区公路穿行,遇到上坡的时候,需要使用低挡;遇到下坡的时候,则要换成高挡滑下坡。每个学科都有自己的特点,读书的时候,要适当改变速度,时间长了,就能感受到读书的乐趣,学会使用不同"挡位",因此一定要引导孩子轻松识别各科目的特点,并学会"换挡"。

(4)建立预期。在读书之前,要让孩子确定读书目的。为什么要读书?是为了获得精神食粮,还是为了个人的改变,或只是为了好玩而读,更或者是为了将来找一份好工作?由此,确定读书的侧重点很关键。遇到问题的时候,就能具体问题具体解决了。

(5)准备一支笔。读书或学习的时候,要让孩子手边准备一支笔,遇到重点、难点或优美词句画下来,或者记录下自己的感悟。孩子不仅是一名学生,还是一名读者。手里没有笔,即使脑袋里有所想法,也会稍纵即逝;在拿书之前先拿支笔,读书效果才会提高。

(6)确定读书策略。不同的科目要用不同的方法来学习,但也有很多共同点,比如:

①既然是读书,就要从头到尾仔细认真地阅读。

②读书的时候,不要在一本书上花费太多的时间。

③如果书里某些部分与自己的问题无关,但其他部分看起来很有用,只要重点读一下书的某些部分或章节即可。

④如果某本书没有解决自己的问题,就再找其他书来看看。

三、急于求成，少了方向，只能一败涂地

很多人认为，读书的目的是探寻未知、寻找新的思维论点，再简单一点就是为了实现某个目的。可见，带着目的性来读书，是一个普遍现象。当然，大量事实也告诉我们，急于求成，少了方向，学习效果也会差很多，甚至还会对孩子的系统学习造成负面影响。

有个男孩正在上高中二年级，成绩在班上处中等水平。妈妈通过观察发现，男孩学习目标不明确，学习状态不好，不自信，也没有使用正确的学习方法，因此学习成绩总是无法提高。

妈妈建议男孩运用形象控制法来调整自我。首先，让自己平静下来，以轻松的状态面对学习，并通过训练增强自信心；然后，设定清晰明确的学习目标，并适当调整学习方法和策略。

经过一系列的训练后，男孩的成绩不仅得到大幅提高，后来还成为班级的佼佼者。

对于读书或学习的意义，相信大家都知道，只不过很多人没有养成好的读书习惯，不知道读书能给自己带来什么，或者没有认识到读书的直接好处。

要想看到自己读书或学东西的效果，不仅需要经过长期坚持，还需要

采取正确的策略。举个例子，对于孩子来说，在紧张的学习之余，每天花十几分钟的时间来阅读《孔子》《孟子》《鬼谷子》等书籍，短期来看，对成绩的提高似乎没有明显的帮助；但长久来看，定然能影响到孩子的人性和品格。

面对中国式的选才标准，孩子自然就应该做题背书。虽然很多孩子不喜欢，但似乎很难找到其他有效的方法。在青少年时期，要鼓励孩子多看自己感兴趣的书籍，不必在乎所谓的意义问题。

好书，能给孩子带来许多知识。尤其是在孩子的世界观、人生观，还没有完全成形的年龄段。有句话是这样说的："时光不语，静待花开。"只有保持淡然心态，静待时光流动，不急不躁，最终才能等到花开。对待学习，也不能急于求成。

首先，要让孩子了解自己的身心发展特点。青少年的身心发展有一定的顺序，犹如果实的成熟需要经历"种子萌发—长出幼根—慢慢抽芽—长苗—长成幼年植株—成年植株—开花结果"一样。确立了读书志向，也不能急于求成，一定要遵循成长规律，循序渐进，由浅及深。让一个10岁的孩子学习初中课本内容，简直就是强人所难！

其次，知识输入足够，才能自然输出。花朵的绽放需要根部储存足够的养分与能量，不能只看到花开的瞬间，而无视根部在地底吸收养分的过程。量变是质变的必要准备，质变是量变的必然结果。要让孩子慢慢学习，让知识的种子在心中积累发酵，然后才能发生魔法般的变化。

最后，孩子个体间存在差异。孩子的身心发展是有差异的，成长速度就会呈现出快慢的差别。比如，有的孩子比较早慧，有的则大器晚成；有的孩子肢体敏捷却不善于言辞，有的孩子逻辑推理能力强但空间想象力较弱……这些差异都很正常，如果孩子觉得自己不如别人，就要引导他发现并培养自己优秀的一面。

四、保持读书的热情，梦想才会照进现实

所谓学习热情，就是在学习中表现出来的一种比较热烈、稳定而深厚的情感状态。学习热情是在学习兴趣的基础上产生的，但它比学习兴趣更稳固、更持久。对学习饱含热情，孩子才能积极主动地学习，从学习中体验到快乐，易于养成好学深思的学习习惯。

现实中，很多孩子对学习不感兴趣，不论是数学还是语文，只要一拿起书，就想要睡觉。家长说过很多次，但孩子都当作耳边风。可是，一旦让孩子出去找同学踢球或玩手机，却精神十足。

孩子们为何会对学习失去热情呢？由于年龄的关系，孩子们对于任何事物都能充满好奇，对于学习，孩子的第一感觉依旧是如此，好奇！可是，产生好奇心只是第一步，第二步就是要让孩子对学习产生兴趣，产生沉下心来学习的动力。

兴趣来自哪里？源自学习中的各种互动，比如：与老师互动、与同学互动。这里最关键的一步是理解，如果孩子无法理解老师的讲课内容，或听不懂老师在讲些什么，兴趣自然会下降，对课程的好奇心也就消失了，自然也就没有了学习热情。

有些家长不了解孩子的情况，盲目地让孩子进行各种补习，占用了孩子大量的课外时间，可是最终却发现，孩子的成绩不但没有提高，反而有

下滑趋势。主要原因就在于，孩子们都爱玩，不管学习什么，都是基于自己的兴趣和好奇而来，孩子原本已经对学习失去了兴趣和好奇心，家长却还要剥夺孩子的课外时间，最终只能导致孩子的逆反。

因此，为了提高孩子的学习热情，可以从以下几方面进行引导：

1. 让孩子认真听老师讲课，跟上老师的讲课速度

听懂老师讲课，是吸收知识的第一步。孩子们都很聪明，之所以听不懂老师讲课，可能就是由于细节上的疏忽，慢慢积累成了大问题。孩子听不懂，又不喜欢问老师，慢慢地自然就跟不上老师的进程了。

2. 培养孩子对学习的兴趣

只有对自己感兴趣的事情，孩子才会全力以赴。解决孩子听不懂的问题后，可以有针对性地解决孩子的兴趣问题。比如，让孩子在玩中学，激起自身的兴趣，从而进一步激发孩子的学习热情。

3. 家长多给孩子鼓励

如果孩子取得了好成绩，要及时鼓励。为了鼓励孩子，家长可以为孩子制定一个长期激励表，设定不同阶段的奖励。

第4章
有兴趣：
以兴趣为引导的读书，最自由

一、多在感兴趣的事情上下功夫

有这样一个故事：

有个女孩最讨厌写字词，一写字词就头疼，家长只能逼着她写，写不好就惩罚。结果，越逼越罚，女孩就越讨厌字词，觉得字词枯燥无味，提不起学习兴趣。

妈妈通过观察发现，女儿喜欢看电视，更喜欢学电视播音员的讲话，于是便从女儿最感兴趣的朗读开始进行教育。之后，每次写字词之前，妈妈都会先让女儿像播音员一样朗读课文，如果读得认真、专注、有趣，妈妈就会给予鼓励。如果女儿心情好，妈妈会让她将读过的课文抄一遍。女孩也就愉快地接受了，甚至还会趁着高兴劲儿一口气抄好几课。

女孩写生字为什么突然就变得这么顺利呢？原因就是"从最感兴趣的开始"。案例中的妈妈运用动机迁移的理论，把女儿的兴趣由朗读引到了抄课文上。

孩子心情愉快，家长再提要求就容易接受，"感兴趣"的把"不感兴趣"的也带动了起来。那么，如何培养孩子的学习兴趣呢？

1. 让孩子给自己积极的期望

要让孩子从改善自身的心理状态入手，对不喜欢的学科充满信心，相信该学科是非常有趣的。想象中的"兴趣"会推动孩子认真学习该学科，激发出对该学科的兴趣。

有个男孩对地理学习毫无兴趣，每次上课都会怀着焦急的心情等待下课铃声。为了提高自己对地理的兴趣，他每天都会对自己说："我喜欢你，地理！"重复几遍后，他觉得地理不像从前那样枯燥无味了。男孩到图书馆借了一本有关地理的书，回家后高兴地读起来。上地理课时，他认真倾听老师的讲解，后来真正喜欢上了地理课。

2. 了解学习目的

学习是一个艰苦决绝的过程，学习是学生的天职，不能不学。而学习又是学生的天职，不能不学，所以要让孩子认真了解每门学科的学习目的。例如，记外语单词和语法规则，孩子们都会感到枯躁无味，但如果孩子知道了记忆会给听、说、读、写、译等技能的培养带来很大的帮助，还能得高分，孩子多半都会认真学习，从而对学习产生浓厚的兴趣。

3. 确定小目标

在学习之初，要让孩子为自己确定一个小的学习目标，不要定得太高，争取让自己努力达到。不断取得进步，孩子的信心自然就能增强。当然，不能期望在短期内将成绩提高上去，如果孩子努力学习了一两周，成绩没有提高，就失去信心，从而厌恶学习，这时就要告诉孩子：只有持之以恒地努力，才能实现大目标。

4. 把其他兴趣转移到学习上

每个孩子都有自己特别感兴趣的事，比如：爱玩汽车、爱搭积木等。

到了高年级后，要鼓励孩子去发现、了解与爱好有关的知识，比如：怎样当个好驾驶员，汽车是如何发动的，汽车的构造原理是什么，在所学的知识中哪些和它们有关系，等等。如此，就能激发出孩子对学习的兴趣。

5. 培养自我成功感

在学习的过程中每取得一个小成绩，就让孩子进行自我奖赏；达到一定的目标，就给自己一定的奖励。通过渐次奖励来巩固自己的行为，孩子就能产生自我成就感，不知不觉建立起直接兴趣。

二、努力发现自己的兴趣点

古今中外，成绩优秀者都对自己从事的事业有着浓厚的兴趣，推动着他们孜孜不倦地追求而取得成功。因此，要想提高孩子对学习或读书的兴趣，就要引导他们努力发现自己的兴趣点。

科学家丁肇中花费6年时间读完了别人需要花费10年才能读完的课程，最后终于发现了"J粒子"，获得诺贝尔物理学奖。

记者问："你读书如此刻苦，不觉得很苦很累吗？"

丁肇中回答："不！任何人都没有强迫我这样做，相反，我觉得很快乐。因为我对它感兴趣，便急着探索物质世界的奥秘，我可以连续几天几夜待在实验室、守在仪器旁……"

只有对学习感兴趣，才能把心理活动指向和集中在学习的对象上，才能提高感知觉的活跃度，集中注意力，才能提高观察的敏锐度，保证记忆的持久和准确，激发和强化学习的内在动力，调动学习的积极性。那么，如何引导孩子发现自己的兴趣点呢？

1.让孩子明白付出才有回报

孩子不懂家长的辛苦，往往会提出一些高要求。这个时候，家长不要严厉拒绝或给予满足，要让孩子明白"付出才有回报"的道理。

孩子想获得某件东西时，家长可以将这件东西当作孩子学习的奖励；然后，给孩子布置一些学习任务，只要完成这些任务，就满足他们的愿望。通过奖励诱导，孩子就会积极主动地学习。当然，除了物质奖励，还要注重精神奖励，可以带孩子去博物馆等具有教育意义的地方，激发孩子的好奇心，培养学习兴趣。

2.多鼓励孩子

孩子成绩不理想，很多家长都会严厉批评。须知，严厉批评只能挫伤孩子的自信心，导致成绩下降。因此，家长不要太过注重成绩，要鼓励孩子，培养孩子的信心。孩子对学习充满信心，才会更积极地参与到学习中。

三、品尝读书之乐，发掘读书兴趣

时代的发展给每个人都提出了高要求——学会学习、学会做事、学会合作、学会发展。这里，包含着智能、品德、身体、心理等多方面的素质，而学会学习是最重要的一项。

据一项全国性的调查显示，目前我国大部分孩子没有体验到学习的乐趣。中小学生对课程普遍不喜欢，除了物理、化学等操作性和探索性较强的课程外，对其他课程的喜欢比例随年级升高呈下降趋势。喜欢语文和数学的学生比例：小学一年级分别是65.31%和60.77%，初三年级分别是39.04%和42.9%。喜欢外语的学生比例：小学会随着年级的升高而升高，到初中则会随着年级的升高而下降。

另一项调查结果还显示，多数孩子的学习外在动机较高，认为学习是为了考试。虽然有的孩子考试成绩不错，但并不是因为喜欢读书而学习。多数孩子没有体会到学习的乐趣，而是苦学完成学业。

事实告诉我们，只有真正体会到学习的乐趣，充分发挥自己的主观能动性，才能调控自己的身心负担，提高学习效率。

爱迪生8岁时才开始上学。学校只开设了一个班级，课程设置呆板，老师讲课枯燥，爱迪生根本就提不起学习兴趣。因此，他只要一坐到椅子上，就感觉浑身不自在，从来就没有好好地在椅子上坐过。

老师在讲台上教课，他就在下面走动，甚至跑到教室外面。有时候，他会将附近人家丢弃的物品收集起来，制作一些奇奇怪怪的东西带入教室。他只知道摆动这些东西，完全不知道老师讲些什么。看到爱迪生影响了其他学生上课，老师感到很郁闷。

一次，上算术课，老师讲一位数的加法。学生们都安静地听讲，爱迪生忽然举手问："二加二，为什么等于四？"老师被问得哑口无言。之后，老师把爱迪生的母亲叫到学校，说："爱迪生学习不用功，总是提些可笑的问题。昨天上算术课，他居然问我'二加二为什么等于四'，简直太不像话了！你家孩子实在太笨，留在学校只会妨碍别人，别让他上学了！"

母亲非常生气："我认为爱迪生比同龄的多数孩子都聪明，我会教他，他以后再也不会来这里了！"之后，爱迪生便开始在母亲的亲自指导下学习。

母亲有正确的教育方法，把家庭教育办得生动活泼。春天，树木刚抽出嫩枝，她会跟儿子坐在屋门前，沐浴着太阳的光辉，认真上课。夏夜，天上繁星密布，她会跟儿子坐在高高的望塔上，一边享受着凉风习习，一边读书。秋天，爱迪生会阅读《罗马帝国衰亡史》《英国史》等历史书籍。冬天，母亲会跟儿子围着炉火，一起学习。

讲地理的时候，母亲会将爱迪生带到世界各地周游；讲文学的时候，她会分析文章作者的写作手法和文字使用，爱迪生还对雨果敬慕不已。

母亲就是用这样的教育方法，让爱迪生对读书产生了浓厚兴趣，通过不断自学，最终成为举世闻名的科学巨匠。

只有将学习变成孩子自觉的需求，帮孩子从中找到快乐，才能让他在学习中体验到快乐。孩子的快乐不一定来自玩乐，从学习中也可以得到，重要的是，如何引导孩子在学习中找到快乐。

1. 指导孩子学习方法

辅导孩子时，不要代替孩子学习，要教给孩子获得知识的方法，比如：如何查工具书、如何获得自己想要的资料等。如果孩子不会抓重点内容，家长可以有意识地给孩子布置一些长文章，让他把长文章缩写成短文章，缩写的过程既能提高孩子对知识的理解，又能提高孩子的创造性。

2. 让孩子体验成功的快乐

总是失败的孩子是体验不到成功的快乐的，也就不会努力了。因此，如果孩子从未完成过作业，最好让他先做几道容易的习题，让他轻而易举地完成，然后再调整作业的难度。如果孩子的成绩不好，不要将原因归为不聪明，可以从学习态度、意志力等方面寻找原因，总是说他"笨"，孩子就会自暴自弃。

3. 鼓励孩子自我激励

孩子经常自我激励、自我鞭策，便可以有效避免学业上的失败。首先，要帮助孩子树立自我激励的目标；其次，要让孩子学会自我暗示，如"我一定能考好"；最后，让孩子在学习中摆脱消极情绪。

4. 鼓励孩子的每一点进步

孩子都喜欢被夸赞，当他取得进步的时候，要发自真心地欣赏他、鼓励他。孩子受到鼓舞，就会更加积极地投入到学习中。这样一来，对于学习，孩子都是正面印象，就不会有负面记忆。

5. 用积极的人生观来鼓励孩子

家长如果好学向上、积极进取，孩子发展也不会太差。跟孩子聊天的时候，可以就某件事某个人发表评论，告诉孩子：人生的价值和乐趣在于积极进取。

四、保持兴趣的最佳方法是不断提问题

先给大家讲一个犹太民间流行的故事：

一天，犹太长老打算出门参加一个很重要的会议，女儿拦住了他，说："我长大了，也要像父亲一样当长老。"长老笑着对女儿说："按照族规，只能男人当长老，你是女孩，做不了长老。"

女儿依然坚持自己的决定："我长大了就是要当长老！"长老看了看女儿，说："既然如此，我就问你一个问题，根据你的答案，我就知道未来你能否当上长老了。"然后，长老问："一对双胞胎进入烟囱打扫，出来之后，一人的脸是黑色的，一人的脸是白色的，你觉得谁会先去洗脸？"

女儿张口就来："黑脸。"长老失望地摇摇头说："你是不可能当长老的。"然后，就要往外走。女儿一把抱住他的腿，说："是白脸，是白脸！"结果，长老又轻轻地摇头，说："这次答案比上一次有进步，你有一点儿当长老的潜质了。"

"只是一点儿？"女儿追问，"既不是黑脸，也不是白脸，那么谁会先去洗脸呢？"

长老有些生气，迈开大步往外走，结果又被女儿拦住。

长老更加生气了，说："别闹了，你还有其他答案吗？"

女儿说："没了，但我有个问题。"

长老问:"什么问题?"

女儿说:"明明是一对双胞胎,从同一个烟囱进出,一个是黑脸,一个是白脸?这可能吗?"

长老回头,蹲下来,抱起她说:"问得好。现在你拥有当长老的潜能了,很可能是我们犹太人第一位女性长老。"

不可否认,长老之所以转变态度,是因为女儿学会了质疑。

事实证明,学会提问题比答对问题更重要。教育心理学家皮亚杰说:"告诉孩子一个答案,就剥夺一次学习的机会。"

以色列特拉维夫,有一条诺贝尔奖之街,街上有179座石像,都是诺贝尔奖得主,包括爱因斯坦、米尔顿·弗里德曼等。如今世界人口约有70亿,犹太人只有1700万,但哈佛大学三分之一的学生都是犹太人,耶鲁大学犹太人占了25%,常春藤盟校30%以上的教授都是犹太人……犹太人成功的秘籍就是教育,把学习当作战略。

犹太人的教室都很热闹,学习气氛非常自由。课堂上,老师会鼓励学生提问、讨论甚至争论,学生自主参与,经常会三三两两地聚到一起辩论,寻找更多的知识来佐证自己的观点。

苏格拉底教育孩子的方式就是提问,甚至还说"教育不是灌输,而是点燃火焰",这种教育方式受到人们的推崇。

研究也发现,越是聪明的孩子,越爱提问,他们会围绕同一个事物,接二连三地提问。

在读书的过程中,孩子会提出很多问题,这时候往往很多家长会直接给出答案,其实更好的办法是先肯定孩子的提问,然后将问题拆分成小问题再反问回去。这时，孩子就会跟着反问回去的问题进行自我思考，一步一步达到思维训练的目的。

通过不断设问和思考，让孩子自己找寻答案，就能在一路通关的过程中获得成就感。那么，该如何提问呢？

1. 课堂上如何提问

要让孩子带着问题听课，而不是从头学起。如果老师讲课太快，孩子跟不上思路，要让孩子果断举手，请老师放慢速度再讲一遍。如果某部分自己觉得实在太难，不妨先放一放，下课后再单独请教老师。这样，不仅不耽误进度，还能享受到一对一的讲解。

2. 课后如何提问

下课铃响了，老师走出教室，最好让孩子先准备好下节课所需的资料，再出教室向老师提问。如果课间时间不足，可以和老师约定好时间再问。为了一个问题而耽误下一节课的内容，就得不偿失了。需要注意的是：提问题时要步步为营，先问不懂的，再问其他的，直到全题豁然开朗；要培养问题意识，不放走任何一个不理解的知识点。

3. 考后如何提问

考试后的几天往往是讲解试卷的时间，老师不会教授新内容，预习和复习的压力也不大。这个时候，最重要的就是总结反思上一阶段的学习成果，看看哪科考得不理想。不仅要拿着卷子，还要拿着笔记（积累本、错题本）去找任课老师分析错题，同时请老师指点这一阶段的学习状况。

第5章
专注力：
既然读书，就要集中注意力

一、"管宁割席"告诉我们什么

《世说新语》是南朝刘义庆主持编著的志人小说,里面有一个故事,即"管宁割席",基本情节是:

管宁和华歆是好朋友,一天,管宁和华歆并排坐在一张席子上读书。突然,外面传来了一阵锣声,过往的经验告诉他们,一定是哪个大官从旁边路过。同学们都认真听课,只有华歆坐不住了,他一下子从座位上站起来,跑了出去。

果然,确实是大官路过。八人台的大轿子,前呼后拥,锣鼓开道,仪仗队威风凛凛。华歆目不转睛地看着,眼睛都看直了,队伍离开很远,华歆才恋恋不舍地回到书房。不管别人爱不爱听,一进书房,他就啧啧称奇:"瞧瞧人家多威风,不看多可惜!"

管宁什么也没说,他找来一把小刀,将自己和华歆的座席一分为二。华歆纳闷地问管宁:"你想干吗?"管宁说:"你读书只是为了做官发财,没有一点儿为国效力的念头。咱俩志向不同,就不要坐在一张席子上啦,你也不是我的朋友了。"说完,管宁又专心地读起书来。

管宁与华歆坐在一张席子上读书,听到门口有坐着华贵车辆的官员经过时，华歆便放下手头上的书，出门观望，而管宁则继续读书。同一环境之下，从两个人的不同表现可以看出：华歆容易受到外界的干扰，而管宁注意力集中，能够专心读书。

专注力就像舞台上的聚光灯，能将个人的心理活动指向集中到一件事情上，不用关注其他不相关的事。专注力是大脑信息加工的过滤器，会将最核心的信息留下来，而过滤掉其他无关的信息。

很多科学家、艺术家等伟人，都因注意力高度集中发生过糗事。比如：牛顿做实验时，把手表当鸡蛋煮了；爱因斯坦思考问题时，居然忘记了跟他一起乘车的女儿；王羲之写字时，把墨汁当蒜泥，用馒头蘸着吃了。

全身心投入到自己所做的事情中，就会忘记空间和时间。专注力是学习的基础：专注力高的孩子，无论做什么事情，都能进入状态，做事效率比较高，不容易受到外界的干扰；而专注力差的孩子，做什么事情都无法全身心投入，学习效率低，学习效果也差。

专注力是一种认知活动，不是情绪体验，一旦被打扰，就会影响孩子对事物的积极体验。因此，培养专注力非常重要。

1. 为学习规定时间

要想提高专注力，就要在规定时间内分阶段完成学习任务。如果自己能够专心完成，就要给自己一定的鼓励，并休息 5～10 分钟。然后，再用同样的方式完成下面的学习。当自己能够做得很好时，可以逐渐延长一次性集中作业的时间。审题时，要将题目的要求、条件等用笔勾出来，以免走神出错。

2. 合理安排时间

学会合理分配时间，只有在相对短的时间内集中精力完成作业，才能有更多的时间做其他事情。能自己掌控时间，就会有成功的感觉，做事也会更加自信。

3. 大声读出来

大声读书有利于训练注意力。每天安排一个时间（10～20分钟），选择自己喜欢的文章大声朗读，这个过程需要口、眼和脑的相互协调。在读书的过程中，尽量不读错、不读丢、不读断，注意力必须高度集中。

4. 营造好的学习环境

不好的学习环境会影响学习效果的提升，因此为了提高孩子的学习效果，就要在环境上下功夫。比如：

即使喜欢颜色鲜艳、图案精美、功能多样的铅笔盒，功能也要越简单越好；铅笔和橡皮也要造型简单、功能单一，不要将它们当作玩具来玩。

书房要收拾得简洁整齐，要将玩具收起来，不要放在显眼的地方。

书桌上，只能放书本等学习用品，不能摆放玩具、食品；文具要简洁。

学习时，减少电视机、电话等声音干扰。

光线的柔和适度有助于集中注意力。

二、勤而不乱，专注当下的那本书

如今，孩子已经在思想上了解了专注力的重要性，也不断地尝试集中专注力，但是，有些孩子做得过度，反而适得其反，原本期望好结果，却没想到亲手毁了自己的专注力。

女儿作业很多或遇到难题的时候，妈妈一般就待在附近，希望能够在女儿独立完成作业后立刻奖励她。

妈妈洗水果或去倒垃圾的时候，不发一言，同时注意着女儿的一举一动。看到女儿完成一页作业或换另外一门课的作业时，妈妈都会对女儿说："好样的！你做得真好。"如果女儿能够专注于功课，妈妈也会对她进行褒奖。

女儿升入五年级以后，开始在自己的房间里做作业。妈妈开始采用其他方式安静地观察女儿，并及时对她进行鼓励。女儿对于母亲的奖励甚是期待，也不会让它打断自己的功课。于是，女儿更努力地投入到学习中，她知道这样做妈妈会很高兴。

后来，女儿学会了在自己的房间里独立完成作业，需要的时候，她也会休息一下。

一些孩子身上，难免有一些坏习惯，感觉无时无刻不在做错事，有些家长忍不住就要批评孩子。随意打断孩子，不仅会影响孩子的专注力，还会影响孩子的做事效率，甚至打消孩子的积极性。因此，家长若要让孩子专注于手中的学习，就要理智地去教育。

孩子的专注力受到影响，在未来几年的学习中，开始可能体现得并不明显，因为孩子都比较聪明，知识难度不大，成绩并不会差很多，但随着年级的逐渐升高，学科越来越多，孩子就会感到力不从心，无法专注于每科学习。从小习惯被打断，即使没人打扰，他们也会一次次主动停下来。

在生活和性格方面，缺少专注力的孩子也会稍显懒散，缺乏自信心，无法达到理想的状态，影响未来的发展，最后平凡过一生。家长可以放松紧绷着教育的那根弦，调整一下教育孩子的方式。

比如：事前跟孩子说明，告诉他怎样做是正确的；事后帮助孩子总结，哪些地方需要改正。在过程中，要让孩子专心地做，即使做错，也不用太较真。需要强调的是，家长要肯定孩子优秀的部分，为他的专心点赞，让孩子骄傲于自己的小成功。

为了让孩子做感兴趣的事、多做题，家长都在想办法培养孩子的专注力。其实，最简单的方法就是：不打断孩子！过于注重学习成绩，培养孩子的各种兴趣特长，只能毁掉了孩子的专注力。要让孩子静下心来，好好享受努力的过程，父母要学会放手，多留心即可。

三、把握课堂"黄金45分钟"

在朋友圈和家长群里，经常会出现这样的现象：

"孩子上课动不动就走神,老师说了好多次,都不管用。"

"别提了,我家孩子一上课,就要上厕所。"

"可不是,我家孩子在课堂上,总会摸摸这玩玩那……"

这些问题都指向一个:孩子注意力不集中!如何才能快速提高孩子的专注力呢?

其实,孩子注意力总是"跑偏",是一种正常现象。科学研究表明,年龄越小,孩子的专注时间越短;随着年龄的增长,孩子的专注力会越来越强。

3~4岁:孩子能专注约5~10分钟;

5~6岁:孩子能专注约10~15分钟;

7~10岁:孩子能专注约15~20分钟;

11~12岁:孩子能专注约25~30分钟;

12岁以上:孩子能专注30分钟以上。

专注力和读书写字一样,也是一种能力,完全可以通过训练培养出来。

1. 注意力不集中的类型

注意力不集中的类型主要有:

(1)孩子坐不住。这类孩子上课注意力不集中,课堂规则意识差。只有遇到自己感兴趣的学科,才能较长时间集中注意力。他们之所以坐不住,完全是因为听知觉的能力发展和习惯培养上存在问题。人的学习类型分为视觉、听觉和动觉,这种孩子属于动觉学习型的,在思考问题或接受信息的时候，必须通过一些动作来辅助思考，身体不动，他们的思维也会跟着停止。

（2）孩子心不在焉。有些孩子，课堂上很安静，举手发言不积极，老师叫他回答问题，也是支支吾吾回答不上来。其实，孩子看似表面平静，听课效率却非常低；看着端端正正坐在教室里，其实思绪早已飞远。这种表现属于典型的注意力集中度和分配性存在问题。

（3）孩子无法长时间注意一项活动（持久性差）。有的孩子不管做什么事情，都半途而废，注意力不集中，总是坚持不下来。这种孩子一般是运动知觉没有充分发展起来，背部、腰部、臀部等肌肉发育不好，导致孩子爱动、持续性差。

（4）孩子做事冲动。有的孩子忘性特别大，不是书找不到，就是作业忘带了，每天都慌慌张张的，甚至会忘记老师布置的作业，更别提写作业了。

2. 如何抓住课堂时间

要想抓住课堂45分钟，就要注意以下几个方面的应用：

（1）制订合理的作息时间。孩子的各种习惯都是从小养成的，制定科学合理的作息制度，可以使孩子养成好的学习习惯。家长要与孩子坐下来，共同制订一个合理的学习时间表，让孩子遵照执行。孩子根据自己的喜好订立的时间表，时间安排上比较灵活，就会主动按照时间表做，遇到管不住自己的时候，对于家长的提醒也不会逆反。

（2）给孩子一定的自由支配时间。要让孩子去做自己想做的事，培养孩子的学习兴趣和主动性。比如，写完一科作业，让孩子放松10分钟。在这10分钟里，孩子可以玩、听音乐、休息等，不管干什么，家长都不干涉。等孩子对学习有了兴趣和主动性时，就愿意长时间地学习了，学习效果也会更理想。

（3）让孩子学会合理安排时间。家长不可能永远陪读，到了初中和高中，很多家长也没有能力辅导孩子。所以，要让孩子学会合理安排时间，在规定的时间做应该做的事。

四、玩的时候好好玩，学的时候好好学

生活中，很多家长都会发出这样的困惑：

为什么我家孩子对学习总是抵触？

为什么我家孩子总是完不成学习任务？

为什么我跟孩子无法沟通？

为什么我家孩子总觉得玩不够？

如何才能平衡玩与学的矛盾？

为了让自己的孩子更优秀，很多家长都会在假期给孩子报培训班，这样一来，孩子玩的时间就所剩无几了。其实，会玩的孩子才可能会学，如果连玩都不会，那么孩子学习好也是片面的，学习不好则是必然的。玩耍是孩子的天性，在玩耍的过程中，孩子的大脑会急速转动，促进大脑发育，使孩子变得更聪明。

不让孩子玩耍，就等于剥夺了他们应有的权利。如果家长整天将孩子

圈在小房间里做作业或读书，孩子的大脑得不到良好的循环，就会出现退化。所以，千万不要一直将孩子关在狭小的房间里，学习之余，要让他们多接触大自然，给孩子放松的时间。

1. 玩耍的妙趣

让孩子玩，鼓励孩子感受大千世界，远比待在房间里整天看书要好很多。

（1）在玩中学会思考。孩子将身心投入玩乐中，就会激活他们的大脑，让思维获得发展。

（2）在玩中学会创造。历史上，有很多著名的人物都是在玩耍中有了伟大的发现。这些人不会克扣自己的娱乐时间，从娱乐中锻炼自己观察周围事物的本领，并由此产生独特的见解，学会创造。

（3）锻炼孩子的社交能力。在玩耍中，孩子需要和同伴沟通合作，无形中就能锻炼孩子的沟通能力，培养孩子的团队意识。孩子长大后，就容易融入到社会团队中。

2. 引导孩子正确玩耍

会玩，也是一种能力，但是，家长也不能任由孩子无限地玩耍，还要掌握好孩子玩耍的度。那么，如何引导孩子正确地玩耍呢？

（1）鼓励孩子与同学一起玩。在跟同学相处的过程中，孩子更容易看到自己的不足，有利于改正自己身上的某些缺点；孩子开心的时候跟同学分享，就能得到双倍的快乐；孩子情绪低落的时候，同学的一句话，也许能很快帮孩子走出情绪低谷。

（2）让孩子出去玩。适当地让孩子出去玩，有利于孩子的身心健康。家长可以带孩子到一些名胜古迹去玩，带孩子领略大自然的美妙。书本中讲到的那些知识，远没有亲眼看到的更加活灵活现。

（3）设定玩耍时间。给孩子制订一个玩耍计划，比如，每学期带孩子去一个地方旅游，周末让孩子出去和同学玩，孩子就能乐在其中。

五、全神贯注地读书，远离"开小差"

有些孩子读书的时候特别慢，总是东看看西看看，要不就是玩铅笔和尺子，即使是低年级，作业也要写到晚上10点。在学校上课，一节课45分钟里要开好几次小差。如何才能让孩子不再开小差呢？

学习不专心，就无法学进去，自然就学不到什么知识，成绩也上不去。

1. 孩子开小差的原因

孩子学习不专心，有客观原因和主观原因两种。

（1）客观原因，主要有以下四种：

①受到无关刺激物的干扰。受到外界事物的干扰，学习的时候孩子就会分心、走神。

②学习单调或有困难。如果知识难度大或过于无聊，孩子就会对自己没自信心，提不起学习的兴趣。

③方法不当。如果孩子使用了错误的学习方法，学习非常吃力，越学越没劲，精神就无法集中。

④环境不好。在嘈杂或艰苦的环境中，孩子学习就无法集中注意力。

（2）主观原因，主要有以下四种：

①对学习缺少兴趣和信心。兴趣是最好的老师，如果孩子对学习感兴趣，就会投入精力；如果孩子对学习没兴趣，无论怎么强迫他学习，都没有用。

②注意力差。有些孩子进入状态很慢，注意力不容易集中，如果外界出现了干扰因素，就很容易受到影响。

③身体或情绪不好。孩子身体情况或情绪不好，就无法集中注意力。比如，孩子生病发烧，即使心里想着学习，身体状况也不允许。有的孩子天生体质弱，很容易生病，如果营养健康跟不上，就会没有精力学习。

④不理解学习的内容。有些孩子基础比较差，无法正确理解老师课上所讲的内容，遇到无法解决的难题，就会出现怯懦、害怕等心理，自信心会受到打击，从而对学习失去兴趣。

2. 引导孩子避免"开小差"

要让孩子避免开小差，可以采用以下两个方法：

（1）从喜欢的学科入手。学校的学习氛围相当好，但在家里就不一样了，如果孩子在家里很难进入学习状态，只复习自己不擅长的科目，就更难进入学习状态，更容易走神。倒不如让他先看自己最喜欢最擅长的那门学科，先进入学习状态，之后再继续学习其他学科。

（2）给做题设定时间。孩子做习题的时候，可以像在学校考试一样给自己设定一个时间限制。比如，做一套模拟试卷，时间和平时考试的时间一样，还要根据答案给自己打分。这样，孩子就不会左顾右盼浪费时间了，同时还能根据自己完成练习的正确率，了解自己对知识的掌握程度，快速发现问题所在，在最短时间内进行弥补或改正。

六、一次只做一件事

个人的注意力是有限的,分配在两件或两件以上不同的事情上,会严重消耗注意力的有效性。尤其是孩子的注意力正在发展过程中,同时从事多件事或多项学习,会损害注意力的有效集中。

纽约中央车站的问询处是世界上人流最多、最紧张的地方,每天都人潮汹涌,人们都焦急万分,争着询问自己的问题,都希望立刻得到答案。工作人员要应付每个人,要了解不同人的不同口音,工作紧张,压力巨大。

可是,有一位工作人员,却从来没有遭遇过投诉,任何情况下都看起来轻松自如、镇定自若。这是因为,每次他只听一位旅客说话,回答完这个人的问题,再立刻转向另一个人,即使刚才的人没听清再转回来,他也不会再理会。

有人向这位工作人员请教:"如何才能出色地完成工作?"他是这样回答的:"我不同时跟很多人打交道,每次只和一位旅客打交道。"

一次只做一件事,就不会因事多而影响注意力,就能避免其他事情的打扰,提高效率。

中国有句古话:欲速则不达。事情可能都做完了,但每件事情都做得不好，一次只做一件事，才是解决问题的良好方法。沉浸于眼前的这件事，眼里心里手里只有这件事，内心就会感到充盈，更容易获得成就感。

积极心理学家米哈里·契克森米哈赖把这种完全投入、专注于眼前行为时的心理状态，称为"心流"。他认为，这是人们获得幸福的一种途径。学习处于忘我的状态，就能忘记时间、忘记自己，自己的忧虑感会消失。专注能让青少年在做事的过程中全身心投入，不受外界干扰，极大地提高做事效率。

孩子一般都有很多作业要做，如果孩子做着英语作业还想着那道解不开的物理题，手里做着实验还想着手工小制作……不但什么事情也做不好，还会养成三心二意的坏毛病。

孩子学习最大的敌人就是注意力不集中。因此，家长要告诉孩子：不管面临多少学习任务，要想做得最好，最聪明的做法就是每次只想、只做一件事。

在日常的学习、生活中，为了让孩子养成专注的好习惯，可以故意给孩子多布置几项任务，让他去完成。如果孩子做得一塌糊涂，就可以告诉他：每次只专注其中一项，才是捷径！

第6章
勤努力：
读书需要努力，懒散终成空

一、你还记得"孟母断织"的故事吗

孟子的母亲出身于名门，知书达礼，聪明贤淑，非常重视对孟子的教育。

在孟子小时候，父亲就离开了他们，家中的生计以及教导孩子的责任，全落在孟母一个人身上。孟母只能以织布为生，省吃俭用，把节省下的钱，拿来供孟子上学。

一天孟子从私塾回到家，母亲向他问起最近的学习情况。孟子不以为意，应付说："马马虎虎，跟以往差不多。"

母亲听了，脸色大变，拿起一把剪刀，将织布机上的布剪断，然后开始痛哭。

孟子吓坏了，低声问母亲："为什么要把快织好的布剪断呢？"

孟母含着泪说："你知道，我这么辛苦是为了什么？"

孟子诚惶诚恐地回答："为了生活。"

"还有呢？"

孟子想了一会儿，说："为了让我读书。"

孟母教育他说："既然知道，怎么能不求进取？读书读到一半而荒废，跟织布机上的布被剪断有什么两样？我的辛苦，岂不是白费了？"

看到母亲因自己不专心读书而伤心，孟子的心灵受到极大的震动。他趴在母亲的膝上，痛哭流涕，发誓要努力学习，再也不懒惰。

母亲为了教育孟子勤奋读书不荒废学业，剪断了正在织的布，启发孟子要珍惜时间学习，不能半途而废。这种做法给了孟子很大的鞭策和鼓励，后来通过自己的努力，孟子终于成为一代儒家代表人物。这个故事告诉我们，养成了好习惯，还得始终如一地维护，决不能轻易放弃；虎头鼠尾，同样成不了大器。

这里还有一个跟勤学有关的"宋濂踏雪求师"的故事。

宋濂是我国明代一位著名学者，一生中撰了很多书，除《元史》外，还有《浦阳人物记》《宋学士全集》等。他小的时候，虽然已经出现了印刷术，但书价很贵，普通人根本就买不起，更别说买大量的书了。

宋濂非常喜欢读书，可由于家里太穷，买不到书，只能向有书的人家借，然后亲自抄写，在约定的时间归还。即使是在寒冷的冬天，砚水结了冰，手指冻得弯不过来，他依然会赶着抄写，抄完了立刻送还。靠着这份诚心，他虽然自己没书，但依然读到了很多书。

我国古代学校很少，且只有贵族子弟才能上学。当时虽然有私人讲学的，但小村镇一般都没有好老师。成年以后，宋濂为了求得新知识，专门跑到百里以外去拜访名师。

宋濂背着行李，行走在深山巨谷间，即使遇到大风雪，雪深几尺，脚皮裂开，他也不觉得辛苦。住在客栈里，同屋的人都穿戴得很讲究，吃得很好，宋濂却穿件破棉袍，每天只吃两顿粗饭。但他根本不羡慕富贵子弟的生活享受，他认为，只有不断求知，才是最高兴的。

靠着这种勤奋，宋濂虚心向老师学习，专心致志，持之以恒，终于取得了学问上的成就，成为一代大学者。

成功从来都不是一蹴而就，而是一步一步走出来的。成功的路上并不拥挤，嘴上说努力的人很多，真正坚持到底的人少之又少。当学习没有了起跑的兴奋感，缺失了沿途的新鲜感，依然需要走好每一步、每一天。因为只有通过点滴的积累，才能超越自我，更早地接近目标。

二、业精于勤，荒于嬉

学习是一件苦差事，是每个孩子都要去完成的事情。因为生活在一个终身学习、竞争激烈的社会，如果孩子懒于学习，将来就无法立足。

学习，从小的方面讲，会影响个人的生存方式、生活质量；从大的方面说，则能体现个人对社会的贡献和价值。成功等于"99%的汗水＋1%的天赋"，要让孩子记住：天道酬勤。

2008年，李宇（化名）高考发挥失常，以高出当年二本线10分左右的成绩，被一所农业大学录取。没有进入理想的大学，一个人待在异乡，意志消沉的他刚进校园就开始玩网络游戏，甚至军训的时间都是在网吧度过的。

当时，为了玩游戏，李宇可以一直待在网吧，让游戏挂机自动杀怪，他就盯着电脑一点点地升级。如果自己实在撑不住了，就趴在桌子上睡一会儿。白天要上课，他就继续让游戏挂机，课堂成了他的"补眠"场所，下课后回到网吧，继续盯着游戏升级。

大学四年，李宇几乎都是这样度过的，连宿舍都很少回。辅导员打电话叫他回去，但当时他脑子里都是游戏，根本不理任何人。大四快要结束时，舍友带给他一张单子，上面列有补考的科目，打印了近两页 A4 纸，连他自己都记不清有多少门了。

2012 年大学毕业，因为不及格科目太多，李宇没有拿到毕业证和学位证，也没有找到工作。毕业后回到老家，李宇"玩心"依旧不改。可是，网吧离家太远，李宇懒得去，就开始打麻将，结果一打就是三年。

眼看李宇就要 30 岁了，父母开始在村子里为他张罗对象，但一个快 30 岁的人，没房没车没工作，只知道打麻将，连自己都养不活，谁会嫁给他？看着焦灼无奈的父母，李宇开始思索自己的人生。

2015 年，李宇重新走进了高中校园。为了冲刺高考，他还将北京大学的图片设置成手机屏保。当年高考，他考了 571 分，上了一本线。

再次走进大学，李宇决定大学四年决不再打游戏，集中精力好好学习专业知识，毕业了找份工作，回报父母。

努力会有收获，坚持才能成功，如果期待辉煌的一生，就要从今天起，以毫不动摇的决心和坚定不移的信念，凭自己的智慧和毅力，去创造快乐。

每个孩子都有自己的特征，在生活和学习中都会表露出来，家长要学会观察，看到孩子不务正业，就要给予正确的引导。因为，业精于勤、荒于嬉！

1. 让孩子勤于思考

学习不善于思考，如同食物没被吸收一样，身体就不会健康。要想将知识消化掉，就要进行思考。学有所成的人都有一个共同特点，就是善于思考，勤于思考，正确思考。

在学习过程中减少依赖心理，就会使自己的学习与别人拉开距离。大脑就像机器，不去用它，就会生锈。大脑越用越灵活，越用越开窍，多动脑，孩子就会变得聪明起来。

不善于思考，就抓不住问题的重点，对问题的理解层次也不够深刻，看问题只能看表面，不能通过现象看本质。因此，要让孩子养成善于思考的好习惯，懂得分析问题和解决问题，学习起来才能更加得心应手。

2. 让孩子善于质疑

在日常学习中，孩子一般都会遇到许多疑问，要让孩子正确面对，解决它们。遇到疑问时，要让孩子及时问同学、问老师，虚心向他人请教；做到敢疑、敢问、勤学。如此，才能从根本上解决问题，不断提高。

质疑是一种态度，更是一种勇气。即使孩子的想法不完全有道理，甚至是错误的，也要鼓励他们大胆质疑。

3. 坚持不懈

在日常学习中，要让孩子多用练习和实践来检验知识掌握的程度，发现自己学习中存在的漏洞，及时加以弥补。往往老师布置的练习很具代表性，要坚决让孩子完成。

成功与失败之间的关键差别，就在于能否拥有永不放弃的心。学习更需要持之以恒。因此，要让孩子制订一个学习计划，做好自我监督，严格要求自己，不能只凭一时热情，三天打鱼，两天晒网是做不成大事的。

三、不要为自己的懒散找借口

李娇正在上初二，个性很好，活泼可爱，但特别懒惰，听课不专心总想睡觉，老师一不在就想逃课。每次考试，学习成绩都惨不忍睹。父亲狠狠地批评她，李娇不但没有改正，还大发牌气，弄得一家人都很压抑。

说也奇怪，只要下了文化课，李娇就像换了个人一样，上蹿下跳，非常活泼，体育、手工等课程分数都很高。

初三年级，父亲给李娇报了英文辅导班，让她补习英文。可一个学期下来，李娇也没去过几次。

不知道是不是由于懒惰，李娇的体重直线上升，身高 1.6 米的她竟然超过 65 公斤。为了让李娇减肥，父亲时常督促她跑步。虽然在父亲的帮助下，体重下降了一些，但李娇懒惰的毛病一点儿都没有变。

生活中，很多孩子身上都存在李娇的这种问题。比如，上课听不进去，听不懂，但还要坚持坐在那里；即使补课，成绩依然一点儿变化都没有。上这种没意义的上课，对孩子来说是一种摧残。再加上父母的批评，更容易给孩子造成心理负担。

孩子的成长要经历一个漫长的过程，从咿呀学语，到蹒跚学步，每一步都离不开父母的陪伴。一位著名教育家曾经说过："孩子的学习和其他问题并不是智力因素所导致的，而是因为情绪的变化，比如，懒惰对认知水平的直接影响。"只要将这些负面情绪消除掉,孩子的学习成绩自然就能得到改观。

懒惰是一种心理上的厌倦,表现形式有很多种,主要包括:不能愉快地跟他人交谈;不能从事自己喜欢的事,不爱从事体育活动;对周围的事情漠不关心;由于焦虑而无法入睡,睡眠质量较差;作息时间没规律,不讲卫生;上学经常迟到,喜欢逃学;上课不能专心听讲,无法按要求完成作业;书包里不是少书本,就是少文具……

1. 孩子学习懒惰的原因

孩子学习懒惰主要有这样四种原因:

(1)学习能力太差。有些孩子懒于学习,主要因为学习能力差,即使努力了,结果也不理想。这种情况一般都是因为孩子发育迟缓造成的学习能力低下,其他孩子只要学一遍就会,他学五遍还是懵懵懂懂。孩子觉得学习难,自然就会逃避,懒于学习。

(2)不懂约束自己。学习是孩子的基本任务,可他们还不会约束自己,需要家长的教育和督促。父母太过溺爱,孩子自我放飞,缺少约束,自控力就会越来越差,越来越懒惰,越来越不想学习。

(3)对作业没信心。对于自己不会做的事情,孩子一般都不会主动完成。同样,如果孩子对作业不感兴趣,只是为了完成任务而做作业。题目不会做,光看着也没用,孩子没信心完成,就会选择逃避。

(4)对学习没兴趣。有些孩子之所以懒于学习,主要是因为对学习没兴趣。通常,只要是自己喜欢的事情,孩子一般都能主动完成;孩子不喜欢的事情,无论家长怎么驱使,都没用。

2. 解决孩子的懒惰

要想让孩子不懒惰，就要关注以下三个方面：

（1）让孩子持之以恒。三天打鱼两天晒网要不得，要让孩子用心用力地做好每件事。从今天开始，先让孩子坚持一个月，再苦再累也要让他坚持下去。也许，一个月之后，他自己都会对自己刮目相看。孩子一旦养成了自主学习的好习惯，基础就会越来越扎实，成绩也会稳步前进，更会对自己有信心，也就更有学习动力。

（2）让孩子摆正心态。学习需要刻苦努力。学习都不是轻松的，躺着睡觉并不能取得好成绩。只有吃得苦中苦，才能取得好名次，要让孩子自己明白：他的主要任务就是上学读书，要努力刻苦，朝前奔跑。

（3）及时纠正错误。看到孩子偷懒了，要及时提醒和纠正。不要看到孩子每天读书，就心疼孩子。家长一心疼，孩子就松懈。明智的家长都会时刻为孩子鼓劲，摇旗呐喊。

四、制订一个合理的读书计划

古人云："凡事预则立，不预则废。"就像写作文要列提纲打腹稿的道理一样，学习之前必须要先制订计划。因为只有确定了计划，才能减少学习的盲目性。

自从儿子升入初中后，父母就开始头疼起来，因为儿子的学习效率很低，做事没有计划。每次看到儿子写作业，爸爸都感到头疼。因为儿子拿起语文书，大声诵读几句，还没念完一篇课文，就会跑到厨房，喝杯牛奶；喝完牛奶，又慢条斯理地掏出作业本，开始写数学作业，简直就是想起什么做什么。

有时，儿子写作业简直就像无休止地长跑，从放学回家一直做到深更半夜，但作业仍然错误百出，成绩自然也就上不去。

爸爸感到很着急，为了改变儿子的这种状况，想了很多办法，训斥孩子："不好好写作业，就不准吃饭，不准睡觉，不准看电视，不准……"有时爸爸还会坐在儿子旁边监督，甚至进行体罚。可是，收效甚微。

学习计划是在学习活动开始之前，让孩子对某段时间内的学习情况做个比较详细的安排。好的学习计划能促使控制力弱的孩子走进学习的殿堂，使他们的学习潜力得到充分发挥。孩子认识不到学习计划的重要性，就会影响学习效率。

制订学习计划的好处如下：可以帮助孩子克服惰性和倦怠，尤其是配合自我奖励制度时，会更加有效；如果孩子能按部就班、循序渐进地完成学习计划，就不会感到太大的压力；孩子按计划做事，就不会浪费时间，还会有时间做其他想做的事；便于孩子了解自己的学习进度，清楚知道哪些事需要做。

孩子的认知水平、思考方式、表达能力等都存在一定的局限性，很多时候虽然制订了学习计划，但对学习任务的完成以及学习目标的实现都不会产生实质性的作用。制订学习计划时，家长一定要引导孩子考虑以下几个方面：

Why，即为什么学习。学习的目的和意义，是孩子主动学习的动力。

What，即学什么。学习的对象及目标，是学习计划的主要内容。

Who，即我是"谁"。孩子的实际情况，例如基础水平、学习能力、个性特点、学习风格、优势和弱项等。

Whom，即向谁请求帮助，与谁一起学习。优秀的老师以及学习能力强的学习伙伴，都有助于孩子的学习。

How，即学习方法和措施。这是确保学习计划得以实施的必要条件。

那么，该如何保证学习计划切实可行呢？

1. 明确本学期的奋斗目标

家长要帮孩子制定本学期的学习任务，明确本学期的奋斗目标，即在校学习成绩达到什么标准。比如，班级排名提高多少、在校获得什么表彰、计划参与学校历年举行的校内活动等，以及课余时间要学习的兴趣课程，并明确要达到什么程度。家长要与孩子敞开心扉地沟通，形成统一认识，达成共识。

2. 合理细分学习计划

家长要帮孩子合理细分学习计划，将目标进行分解，将计划细分到每一天，不仅要让孩子清晰地知道每天在校的学习内容，还要让孩子清楚每天兴趣课程的学习内容。兴趣课程需要家长和孩子一起来制订计划，比如：本学期孩子要学绘画和音乐，从什么时间开始学习，安排在每周的哪个时间段等。

3. 监督孩子的学习

家长要监督孩子的学习进度，虽然不能陪孩子一起在学校上课，但可以与班主任及任课老师保持沟通和协调，掌握孩子的学习情况。同时，家长还要跟兴趣班老师保持沟通，了解孩子在兴趣方面的进步与需要提高的部分。

五、别让"等会儿就看"成为口头禅

作为家长,你是不是经常会遇到这样几种状况:

(1)孩子喜欢熬夜,晚上不睡,早上不起。

(2)做作业的时候,孩子不能保质保量地完成。

(3)让孩子去学习,他总有各种理由推脱。

(4)放学回家,孩子总是先玩再写,经常熬夜。

(5)孩子上课表现不积极,没将学习放心上。

(6)老师收作业时,孩子总是交不上作业。

(7)督促孩子学习时,孩子会表现得很厌烦。

(8)学习丢三落四,不懂得规划和安排。

(9)放假时,不到最后关头,孩子不会写作业。

以上现象的出现都是拖延在作怪。

拖延是一种发生在孩子身上较为普遍的行为现象,学习拖延不仅不利于学习任务的完成,还会给孩子带来不良的情绪体验,导致抑郁、低自尊、焦虑等不良习惯。孩子们之所以拖拉,原因主要有这几种:

(1)分散注意力的东西太多。孩子书桌上放着各科的复习资料,本来要复习数学,可一看到英语资料,就会顺手翻翻,翻完后,就开始复习数学。复习了一会儿,又被物理资料吸引了,拿起来又看了看物理。这时候,孩子确实没有浪费时间,确实也在学习,可是却影响到了重要事情的完成,效率很低。

(2)缺乏自信而犹豫不决。有的孩子很想做一件事,又怀疑自己的能力,很犹豫,不知道该如何做。结果,时间就在孩子的犹豫中一点点流逝了。当孩子下定决心要做的时候,情况可能又发生了变化,原来的机会已经没了。

(3)完美主义倾向。很多孩子坚持"三思而后行"的理念,做事情前,会将事情想得面面俱到,觉得没问题了才会动手。可事实上,完美的思考并不存在,总会有些事情出乎人的想象。为了将事情做得完美无缺,就要付出很多,压力一旦增大,孩子就会拖拉。

(4)害怕承担责任。有些孩子担心自己做不好会被人批评,喜欢等别人一起做,至少出了问题也有个"伴"。这种孩子一般都害怕承担责任,接受不了失败或被批评的结果。

(5)糟糕的时间管理。孩子有很多事情要做,但不知道哪些事情是重要的、哪些事情是最后安排的,整个人只能瞎忙,一片茫然。

我们可以为孩子的拖延找到各种原因,但可以肯定的是,拖延不能使事情自动解决,反而会因此产生压抑、自责、后悔、自尊心下降等负面感受。那么,该如何才能解决孩子的拖延问题呢?

1. 让孩子正视自己的拖延

要改掉拖延的坏毛病,首先就要正确认识到拖延的危害,让孩子知道自己的拖延行为是错误的。拖延，会让孩子经常性完不成任务，耽误时间，浪费精力。同时，将今天的事情拖到明天，明天的事情拖到后天，周而复始，孩子就会一直处于焦虑和紧张状态，不仅对学习不利，还会伤害孩子的身心健康。因此，要想让孩子改掉拖延的坏毛病，就要让他们正视自己的拖延问题。

2. 从设定目标开始做起

让孩子将要做的事情列一个清单，把未来一个月要做的事情都写到清单上。之后，列出每件事的实现步骤，每一步怎么做，要在什么时间完成，如果完不成，要做出相应的惩罚；相反，如期完成或提前完成，则要给自己一个奖励，比如，吃一顿大餐等。

3. 压缩完成任务的时间

很多时候，孩子根本不必将一个 10 分钟就可以做好的事情拖到一个小时解决。为了改变这种状况，就要给孩子一定的压力。要想尽快将一项任务完成，就要减少干扰，压缩完成任务的时间。

4. 严格执行清单事项

列好清单后，要让孩子严格按照清单上的事项一步步完成，并强迫自己不能超过限定的时间。如果孩子没有完成，要让他给自己一个惩罚，督促自己成为一个严格按照清单完成任务的人。

5. 将要事安排在效率最高的时间

每个人一天内最高效的时间都不同，有的孩子高效时间是在上午 9 点到 11 点之间，有的孩子高效时间则在晚上。要让孩子正确认知自己的高效时间，把重要的事情安排在这段时间内完成。

6. 与别人结伴，互相监督

单枪匹马战斗远不如团队合作效率高，可以让孩子找个同伴，彼此了解对方的任务，互相监督，帮助自己完成。

7. 从现在就开始做

克服拖延的毛病要从现在做起，不要"等一会儿"或"明天再开始做"。

第7章
有韧性:
读书需坚持,不能半途而废

一、读书要有志，更要有恒心

古人学习始终以致用为纲，重在实践，学贵有恒，最忌一曝十寒。也就是说，要对自己多勉励，不能懈怠。下面是一则古人劝学的故事。

东晋大诗人陶渊明道德高尚，学识渊博。有个少年向他求教，说："我非常敬佩先生的学识，想向您请教读书的妙法。"陶渊明说："学习没什么方法。勤奋，就能进步；半途而废，则会退步！"

陶渊明拉着少年的手来到稻田旁，指着一株苗说："你仔细看看，它是否在长高？"少年看了很久，说："没见长啊。"

陶渊明反问："真的没见长吗？那么，矮小的禾苗是如何变得这么高的？"少年低头不语，他便进一步引导说："其实，它每时每刻都在生长，只不过，我们肉眼看不到而已。读书学习也是同理！学识是一点一滴积累的，有时连自己都不易觉察到，只要勤学不辍，就会日有所长。"

接着，陶渊明又指着溪边的一块磨刀石问少年："那块磨刀石的凹面是不是像马鞍一样？"少年随口答道："是！一定是时间长了，磨损成这样的。"

陶渊明没有说话。少年摇摇头说："它究竟是在哪天磨损成这样的呢？"

陶渊明说："农夫每天都在上面磨刀、磨锄，日积月累，才形成这种凹面。学习也是如此，如果不坚持读书，每天都会有所亏损。"

少年豁然开朗，拜谢了陶渊明。

古人认为，读书求知的过程是不断完善自己品德修养的过程，可以达到学以修身、学以养德、学以成仁的目的。学习成功的关键在于勤奋，以及坚韧的毅力。只有持之以恒，才能提高学习和读书的效果。

其实，不管是做学问，还是做其他事情，都需要恒心和毅力。

在《论语》中，也提到了"恒心"。孔子说"譬如为山"，就好像一个人在堆一座山；"未成一篑"，这座山，眼看着再堆一筐土，就成山了，可是最后那筐土，他就不愿意再堆上去，最终只能"功亏一篑"。今天原本打算行走一百里，结果走到九十九里就停了下来，自己放弃了，不够有恒心。孔子还说"譬如平地"，如果我们今天要把坑洞填满，虽然只填了一筐土，可只要坚定地去做，迟早都能将它填平。这就是恒心，恒心不够很容易不耐烦和急躁。

挫折和坎坷并不可怕，只要坚持信念、坚持理想，努力之后就是胜利。学习成绩固然重要，但真正要比的是谁离终点更近，谁能一步步征服挫折，真正享受到学习的快乐。

很多孩子都有这样的体会：学习一门科目时，入门后进步很快；达到一定水平后，再进步就很困难了。这里的坚持，实际上就是一种恒心。那么，作为家长，如何才能培养孩子的恒心呢？

1. 引导孩子确定具体可行的目标

只有主动自觉地去实现既定目标，为实现目标而不懈努力，才能培养出孩子的恒心。所谓具体的目标，是指该做什么，怎样去做，要达到怎样的要求；所谓可行的目标，是指目标要与孩子的年龄、经验、能力等相适应，孩子经过努力能够实现。因此，设定的目标既不能太低，也不能太高。目标定得太低，孩子学不到新东西，不会产生学的兴趣；目标定得太高，孩子无法实现，即使有一定的毅力，孩子也会失去信心而放弃。因此，只有制定在短期内经过努力可以实现的目标，才能激励孩子去进取。孩子完成一个目标后，成功的喜悦会强化他的进取精神，激起他确定下一个目标的热忱。

2. 培养、保护和利用孩子的学习兴趣

兴趣能激发孩子参加活动的积极性，促使孩子在活动时更加努力。所以，在家庭中，要为孩子的学习内容增加趣味性和生动性，使用灵活多变的方式，提高孩子的兴趣，比如：游戏、比赛、表演、抢答、故事等，让孩子为活动过程本身所吸引，促使孩子善始善终地做完某件事。

3. 让孩子学会自我监督

要想对一件事持之以恒，就要依赖自己的自觉行为，因此，要让孩子学会检查。孩子学会自我评价、自我监督后，就能督促自己持之以恒地从事某项活动了。

自我监督，可以从父母的检查和鼓励开始。比如，与孩子共同确定某个目标后，每天检查孩子完成的情况，并让孩子自我评价，对孩子的良好表现给予鼓励，对做得不够好的加以引导，激励孩子改正。

此外，还可以为孩子画张自我鉴定表格，让孩子对完成学习计划、良好行为、活动目标等情况进行打分。同时，定期把自我鉴定表交给学校老师，让老师了解、表扬孩子的自觉行为，对孩子的自我鉴定进行监督。

二、即使感到无助，也要再坚持一下

学习犹如一场马拉松赛跑，艰苦漫长，要想跑完或者领先，就需要顽强的耐力和斗志，并敢于去拼搏。对于孩子来说，最难的不是起跑，也不是冲刺，而是过程中的坚持。

南朝的顾野王是著名的史学家，他博学多才，很多人都喜欢向他求知。

一天，朋友的儿子侯悬向他请教说："您读过很多经史，您在学习上有没有诀窍？"

顾野王沉吟片刻，指着旁边一棵枝叶茂盛的银杏树说："你既然要学窍门，先看看这棵树。"

侯悬将这棵树从下到上，又从上到下，连看了三遍，依旧没看出什么奥秘，说："学生愚昧，还请先生指点。"

顾野王道："根系发达，才能树冠雄伟；茎干粗壮，才能枝叶繁茂。同理，学习打好基础，才能稳步提高。只有一步一个脚印，步步向前，才能学有所成。这就是诀窍！"侯悬细细品味着顾野王的话，领悟了其中的真谛，从此静心学习，不断提高，成绩与日俱增。

一天，一个同伴问他："这些书你已经倒背如流了，怎么还反复看？"

侯悬说："学习没有捷径，必须一步一个脚印。对书中的道理，我还有很多没有悟到或做到,当然要温故而知新。"

求学路途漫漫,总会遭遇失败,但所有的一切,都是个人通往成功道路上的绊脚石。一次成绩没考好,不要泄气,要鼓励孩子查漏补缺,主动寻找失误的原因,优点坚持,缺点克服;遭遇了坎坷,不要感到忧愁,要引导孩子用微笑面对挫折。

上小学时,最让女儿头疼和发怵的是上体育课。因为女儿身材较胖,再加上室内读书的时间多,户外运动的时间少,动作的灵活性和协调性都比较差,体育课的运动项目总是学不会。例如跳绳,其他同学拿起来就跳得又快又好,女儿却不会跳。

女儿因此认定自己天生没有运动细胞,觉得自己很笨,学不会。每当女儿跟妈妈抱怨自己没有体育天赋的时候,妈妈就笑笑打个岔,不置可否。

相信,很多家长都不认可案例中女儿的想法。如果想成为体育比赛的世界冠军,确实需要一定的天赋,但体育基础教育内容,只要用心学习、努力训练,完全可以完成。如果孩子内心极其抗拒这件事,就不要跟他讲道理,否则还会引起他的反感和排斥。这个时候,孩子最需要的是成功体验。

现实中,有些孩子除了学习方法不对,心态还会受到负面影响和伤害,陷入"习得性无助",也就是说,经历了失败和挫折后,面对问题,会产生无能为力的心理,具体表现为认知缺失、动机水平下降、情绪不适应等。

许多成绩不好的孩子，都容易出现这种心理现象，表现出来就是：叛逆、成绩倒数、做事消极、太自负、沉迷游戏、找借口等。其实，这类孩子最初心态也是积极的，只不过由于多次达不到目标或达不到父母的期待，造成了恶性循环，越来越糟。

1. 引导孩子画一张思维导图

在孩子学不下去的时候，可以让他暂停手头的学习，不再强迫他去低效率地学习。可以让他找一张纸和一支笔，将今天的学习内容和知识点回想出来，从点到线到网，搭建一张思维导图。进行这个环节的时候，不要翻看笔记。如果画出来的思维导图很饱满，并能跟之前记下的笔记呼应，那么今天的学习就是有收获的。通过画这张思维导图的时间，给孩子紧绷的神经一个放松缓冲的机会，让他在接下来的时间更加投入、更加高效地进行学习。

2. 不要在孩子感到疲惫的时候学习

对于初中生和高中生来说，刚经历过一整天的学习，放学后回到家已经精疲力竭，应该吃点儿东西休息一会儿再去写作业，因为这时候的学习效果也是最差的，也是最难坚持的。当孩子觉得自己很累的时候，可以让他先洗个热水澡，冲去一整天的疲惫，然后再吃一点儿水果，补充一些水分。一个热水澡和一小盘水果，可以让孩子得到一个完美的缓冲，恢复精神，抓紧睡前的几小时来学习。

3. 偶尔换个不同的学习环境

长时间在同一个环境学习，孩子会很容易产生强烈的单调感，渐渐地，就会在不知不觉中对学习产生厌倦。这时候，可以试着换换学习环境，到一个完全不同的时间段、完全不同的房间进行学习，提高新鲜感，学习会更有动力，自然也就能坚持下来。

4. 让孩子找到一个坚持下去的理由

很多时候，坚持不下去并不是方法的问题，也不是时间管理的问题，而是目标的问题。每个人学习都有自己的理由，可能是为了自己，也可能是为了父母，要让孩子内心始终有一个让自己坚守的信念，有一个让自己坚持的理由。

三、遇到困难时，读本名人故事也不错

"名人故事的力量是什么？"看看下面的文章也许就会明白了。

在小学课文中，有一篇鲁迅先生的《三味书屋》，最让人印象深刻、受益匪浅的是鲁迅先生在书桌上刻的"早"字，就是这个"早"字，让很多孩子都在自己的座位上刻了个"早"字，似乎只有刻了这个字，才能证明自己在"好好学习，天天向上"。

这个字，确实对孩子们造成了很大的教育和启发意义，很多孩子都因此变得勤奋起来，学习刻苦努力，做事也积极了，迟到的现象也有所减少。虽然很多孩子可能并不知道"早"的真正含义，但因此带来的积极效应，确实彰显了其力量的强大，以至于后来孩子们纷纷在座位上刻了各种激励自己的字眼，比如"战胜自己""赢"等。

这就是榜样的力量！这就是名人的力量！

名人就是孩子最好的榜样。小学阶段，很多孩子都写过"长大了我

要……"之类的作文。那时，在孩子幼小的心灵中，会闪现无数的理想：老师、医生、科学家、作家、军人……有些孩子甚至还会将一些名人铭记在心：鲁迅、周恩来、文天祥、张海迪……这些从小就铭记于心的名人伟人，时时刻刻在激发着孩子前进。

事实证明，成功者的心中都有一个或几个名人作为偶像、参照物或奋斗目标。正是因为有了名人作为参照物，他们才能从中汲取力量，取得辉煌成就。

在名人的故事中，生动形象的人物细节或事迹可以让孩子明白道理，触动孩子的心灵，思想获得升华，在以后的学习生活中用名人的事例来激励自己。

榜样的力量是无穷的！学者菲尔丁说过："典范比教育更快，更能强烈地铭刻在孩子心里。"有志向的孩子会在榜样中寻找自己将来的影子，并能从他们身上汲取到自己所需要的精神或能量。

将某位名人作为自己的偶像，孩子就会不自觉地模仿名人的言行，不断提高自己，满怀上进心。父母要有意识地引导孩子阅读名人故事，学习名人身上的意志力、优秀品质、学识和才华，让孩子成为优秀的"名人"。

1. 选择心仪的名人榜样

名人榜样的经历对孩子的启发会根植于心中，对他们的未来成才发挥指向标的作用。有人说过，预测一个少年的未来，有一个非常简单的方法，就是看他最喜欢的人是谁。孩子的辨别能力较差，对人物的评价标准一般都会出现偏差，父母要做好孩子的引导工作，引导孩子选择那些对身心健康成长有帮助的名人。同时，要从孩子的实际情况出发，多留意孩子的兴趣爱好等，从孩子的兴趣着手，选择在孩子感兴趣的领域中有所成就的名人，比如：为人类做出卓越贡献的科学家和文学家、推动历史进程的政治家和军事家，以及形象健康、阳光的歌星和球星等。

2.经常读名人故事

经常阅读名人故事，了解榜样的成长经历和成功过程，孩子就能提高认知，培养情商，且在不知不觉中将榜样的形象根植于心中。孩子的心灵是纯洁的，对知识的渴求是巨大的。名人榜样的言谈举止、行为方式都会在孩子的心灵上留下不可磨灭的印象，甚至会影响孩子一生的志趣和追求。阅读名人故事不需要花费多少时间和精力，因此，学习之余要让孩子多读名人故事。

3.把榜样的力量迁移到学习上

名人榜样不能只停留在孩子的意识中，要引导孩子把对名人的喜爱和崇拜转化为自己的实际行动，把从名人那里学来的方法和品质用于自己的学习实践，促进孩子的成长，提高成绩和思想觉悟。比如，如果孩子喜欢某个歌星，就可以在网上收集该歌星的资料，把该歌星一步步走向成功的故事讲给孩子听，激励孩子勤奋努力向榜样学习。

四、记住：问题，并不能将你打垮

有一次，跟一位当老师的朋友聊天，他说，自己的学生普遍存在一个现象：孩子们能掌握一些知识点，但需要应用的时候，却无从下手。他感到很困惑，孩子们的知识是否真的掌握了，如何才能更好地提高孩子们运用知识的能力？

学习知识应用的问题，就是提高解决问题的能力，需要通过特定的目标制定与情境创设逐步培养。在日常生活中，解决问题的能力对于孩子来说也非常重要。学习知识不能只停留在表面，应学以致用，学会如何解决问题，才是真正的提高！

小秋正在上小学五年级，成绩比较差，每天晚上写作业都需要妈妈一步不离地守着；如果妈妈不守着，他就不做。遇到稍微难一点儿的题目，小秋就向妈妈寻求帮助。老师也说，孩子学习被动，成绩一直上不去。

数学成绩出来了，小秋的分数位居班级倒数。妈妈非常着急，直接给任课老师打了电话。老师说，整张数学试卷，小秋只做了选择题，其余的都是空白。妈妈问小秋是怎么回事。小秋说，自己做题途中遇到一道难题，思考了很长时间，下面的题目就都没做。

现实中，有很多这样的孩子，明明稍微动动脑子，就可以解决的问题，却喊着"不会做""帮帮我"。遇到难题就逃避，这样肯定会影响成绩。孩子为什么遇到困难就退缩，不肯主动去解决它呢？原因不外乎这几种：

家长对孩子的事包办代替，孩子懒惰成性。家长对孩子的照顾无微不至，从吃饭穿衣到坐立行走，家长全部代替。这种溺爱，一方面导致孩子的生活自理能力特别差；另一方面，孩子的精神力量软弱，容易被困难吓倒。

孩子缺乏自信，抗挫能力差。遇到困难就放弃的孩子，多数都缺乏战胜困难的精神，即自信。孩子不相信自己，觉得自己无法克服困难，一看到困难就被吓倒，自然也就无法取得好成绩。那么，孩子遇事喜欢退缩，该如何引导呢？

1. 让孩子将大问题分解

大问题都是由小问题组成的，要帮助孩子分解难题，先解决小问题，然后慢慢解决大难题。比如，孩子不想学跳舞了，觉得很难，就先将这个难题分解成多个小问题，分析一下，孩子为何觉得学跳舞难？是因为觉得太苦，还是害怕老师，或者是担心自己学不好？先将问题细化，再逐一解决掉，孩子就不会害怕了。

2. 让孩子冷静下来

孩子遇到问题，要让他冷静下来，不被消极的情绪左右。可以出去活动活动，先从负面情绪中走出来，暂时不要想这些困难。同时，家长也要冷静下来，不要生气，更不要打压。孩子都有好胜心，一味地打压，会损害孩子的自信心，让孩子变得自卑。

3. 引导孩子认真思考

让孩子告诉家长，遇到了什么困难、什么东西让他感到害怕，也可以让孩子通过日记的形式，将问题写下来。

五、有些事情既然无法改变，就要学着接受

人生在世，不可能一帆风顺，都会经历艰难困苦和挫折坎坷。这些生活的磨炼，只会让我们成为更好的自己。人生偶尔的不如意，想开了也算不了什么。一定要告诉孩子：学习和读书，只要努力尽心就好，改变能改

变的，接受不能改变的，才是正确的应对学习的态度。

江浩在某学校读一年级，聪明好学，自从升入小学后，成绩在班级都是数一数二的。不过，最近的这一次月考，他考砸了，连前三名都没进入。他很伤心，把试卷拿给妈妈签名的时候，还委屈地哭了。

妈妈安慰他说："没关系，任何人都不可能每次都得第一。只要找出自己错的地方，好好复习，下次考试不再出错就行了。"但江浩依然是一副闷闷不乐的样子。

看着江浩沮丧又不愿意接受现实的样子，妈妈既心疼又心急。

生活中，很多孩子都很要强，遇到不如意的事情，就很容易感到沮丧，拒绝接受现实。

这类孩子一般都在生活中接受了太多的"关爱"，是父母手里的宝贝，没受过一丁点儿委屈，无论什么事情，父母都顺着他们。遇到挫折的时候，不要急着向父母寻求帮助，应该学会自己处理。

不肯接受现实、无视现实的孩子是永远不会成熟的，长大后必然会处处碰壁。只有植根于现实，才能脚踏实地地前进和发展。有些事情既然已经发生，就要勇于接受。人类的力量是渺小的，任何人都不可能跟未知的力量做抗衡。只有学会接受现实，孩子才能以积极的心态投入到之后的事情中。

1. 给孩子增加底气

孩子受到挫折后，父母一定要好好地进行引导，让孩子学会正确面对，并接受现实。要及时鼓励和肯定孩子，让孩子知道，他在父母的心目中永远都是最棒的。如此，就能增强孩子的底气，让孩子有勇气克服困难。同时，父母要跟孩子一起分析受挫的原因，让孩子知道自己哪里做得不好、应该怎样做。如此，孩子才能学会主动面对挫折，积累经验，提高能力。

2. 引导孩子学会心理调节

当孩子遇到挫折，感觉无所适从的时候，可以教孩子进行心理调节，不要长时间沉浸在伤心和失望中。

（1）要教孩子学会心平气和，冷静反省，找出自身不足，全面分析自己失败的原因，并找出合适的解决办法。

（2）要教孩子学会转移注意力。如果孩子遇到了挫折，且暂时难以改变，就要让孩子转移注意力，如打球、唱歌等，将负面情绪发泄出去，改变心境。

（3）如果孩子一直沉浸在痛苦中不能自拔，可以带他进行心理咨询，接受专业人士的建议，提高心理承受能力，调整自己的情绪。

当孩子受到挫折的时候，父母的态度很重要。看到孩子失败了，就说一些表示失望或丧气的话，甚至埋怨孩子，这对因为挫折而陷入痛苦的孩子来说，只会火上浇油，让孩子对挫折产生抗拒感，甚至觉得自己一无是处。所以，在孩子失落的时候，一定要用积极健康的心态去影响他，让他接受自己不完美的事实，要让孩子知道：挫折和失败并不可怕，每个人都会遇到，只要勇敢面对并战胜它，就能取得胜利。

第8章
珍惜时间：
做好时间管理，不浪费

一、读书，就要懂得合理安排时间

每天，我们都能听到这样的声音：

"赶紧起床，再不起就迟到了！"
"放了学，先写作业，跟你说了多少遍了！"
"几点了，还不睡觉？"

这些熟悉的话，很多父母都说过，但说了那么多遍，孩子的坏习惯却依然没有改掉。如果改掉了，孩子也就不会因为分不清轻重缓急而被老师或家长责骂了。

现实中，有些父母一边抱怨为孩子操尽了心，渴望孩子自立；一边又包办所有的事，不忍心难为孩子。殊不知，孩子小时候不受难为，等踏入社会后，不能得心应手地处理各种事务，才会真正被为难！

一天只有24小时，但这24小时会根据个人能否有效利用而相对变长或缩短。没有计划而虚度光阴的人，可能会觉得时间非常短暂，稍纵即逝；相反，对计划周密、善于利用时间的人来说，时间却是取之不尽的。

24小时积累成一天，30天积累成一个月，12个月积累成一年。经过年复一年的积累，就是一个人的一生。时间如白驹过隙，要让孩子抓住不断流逝的时间，一秒也不能浪费。

如果想有效利用时间，充实地过好每一天，就要让孩子学会制订自己的生活计划。当孩子努力实践自己的计划时，做事情的效率自然就会提高，更能领悟到每一分每一秒的可贵。那么，怎样才能让孩子学会合理安排时间呢？

1. 充分利用白天的时间学习

对于孩子来说，白天的精神状态最好，记忆力最强，思维最活跃，一小时的学习效率相当于夜晚的一个半小时。因此，上课前要先在头脑中设定一个简单的学习计划，确定一个小目标，防止无目的地听课。其次，把学习用品提前准备好，对所学知识进行简单预习，上课有重点地听课。

另外，还要重视零碎时间。抓紧零碎的一两分钟，长期积累下来，会有惊人的效果。灵活利用挤出来的时间，比如课前、课后、乘车等时间，可以用来记英语单词、背英语句子、完成学习上的小任务，而将大块时间留给课外的提高练习。

2. 统筹安排课外学习时间

学习，要分清各项任务的轻重缓急，防止"捡了芝麻，丢了西瓜"。可以采用"ABC时间分类法"，将学习任务按轻重缓急分为A（重要）、B（次要）、C（一般）三类。

重要的事情，要先做，比如：当天的作业和课堂知识的复习与巩固。

次要的事情，包括课外阅读或预习等，可以之后处理。

普通的事情，比如：超前自学新的课文，可以按照所剩时间的多少来灵活处理。

如果孩子的基础很差，就不要急着做课外补充练习，应该把主要精力放在巩固所学知识和弄懂课本内容上。如果课下作业能够轻松完成，可以多做一些提高能力、发散思维、拓展延伸的课外题。

做作业时，要想提高效率，就要让孩子调整自己的状态，尽量使大脑、体力、情绪处于最佳状态。比如，要尽量避开情绪低落、无精打采的时候，在头脑最清醒、记忆力最好的时段，安排记单词、背课文或做一些有代表性的数学题；在情绪低落、记忆力减退和精神不集中的时段，安排难度不大且感兴趣的学习内容，如听英文歌曲、看小故事等，或者干脆闭目养神，休息一下，等精力旺盛的时候，再坐下认真学习。

3. 注意劳逸结合

在学习时间的安排上，有一个著名的公式：8-1＞8，意思是说，从8小时中拿出1个小时进行体育运动、娱乐或休息，虽然表面上只学习了7个小时，但由于精力充沛，效率远大于连续学习8个小时。因此，在孩子学习的过程中，感到大脑乏力、精力不集中、有厌倦情绪时，就要让他停下来休息一会儿。

二、做太多无意义的事，只能浪费时间

1. 与其为了小说人物而流泪，不如将时间用来读书

如今，很多孩子在家的时候都会抱着平板电脑看书，看的却是网络武侠小说、仙侠奇幻类作品。有些孩子甚至会同时看好几本，题材都差不多，乐此不疲，有时半夜都不休息。

不可否认，在紧张的学习之余看一些内容健康的网络小说，确实能调节身心，但过度沉迷或看不健康的小说，就对成长不利了，甚至还会对孩

子的人生观和价值观造成影响。

女儿刚上初一，不知道从什么时候开始喜欢上了古风小说。在妈妈的认知里，古风小说都是脱离现实的，但为了不惹恼女儿，妈妈只能强压住这种情绪，试着向女儿请教、了解古风小说。

女儿告诉妈妈，古风小说并没有家长想的那么不好。之后，女儿还将自己当时正在追的一部小说推荐给了妈妈。妈妈虽然心理上无法接受，但为了女儿，还是咬牙去看了。看着看着，居然也被其中的情节吸引了，甚至还喜欢上了作者的文笔。

可是，兴趣是一回事，学习是一回事，妈妈告诉女儿："这类书可以看，作为紧张学习生活的调剂，但不能沉迷，否则就会耽误学习。"

女儿答应妈妈，平时只会在空余的时间看看，每次也不会超过20分钟。妈妈放心了。

对于初中生来说，对某类书产生兴趣，实属正常。因为，这时候的他们开始寻找一种自己渴望的，可以全身心投入甚至迷恋的东西，并甘愿为之付出时间和精力。家长要思考的是，孩子迷恋的是什么？换句话来说，究竟是什么东西如此吸引孩子，让他如此着迷？

一旦孩子沉迷于小说，就会耗费大量的时间在上面，如此一来，花在学习上的时间就减少了。如果孩子对小说类的图书产生了迷恋，很可能连续几个星期、几个月都沉浸在小说中，无法自拔。家长对此一定要提高警惕。

（1）帮助孩子先恢复规律，再去学习。为了让孩子远离小说，有些父母会强迫孩子立刻回到正常的学习状态。事实上，孩子沉迷于网络小说，导致学习成绩落后，贸然把他们拉回学习中，只会加深他们的挫折感，让他们逃离得更快。所以，父母这时候应该采取渐进的做法。

（2）鼓励孩子正视自己的改变。只要孩子按照原先的规划，做到了每天锻炼、正常作息，父母就要抓住机会大大奖励一番。可以是口头上的称赞，比如："孩子你太棒了！说到做到，真棒！"也可以适度给一些物质上的奖品，例如，孩子心仪已久的运动鞋等。

（3）鼓励孩子进行体育锻炼。沉迷于小说的孩子最缺乏的就是自信心和自制力，父母可以让孩子找时间做体能锻炼，也可以陪孩子一起锻炼。心理学研究发现，持续的体能锻炼，不但对孩子的身体健康大有帮助，还能提高孩子的自信心和自制力。

（4）教导孩子学会疏压。每个人都会面临压力，孩子面临的学习压力并不亚于成人。面对压力而适应不良，往往就会让他们再次逃离现实生活。当孩子知道自己有能力放松自己，面对压力的时候才能更从容。

（5）帮助孩子安排其他生活重心。为了压缩读小说的时间，要慢慢引导孩子安排其他的生活重心，包括人际互动、其他兴趣的培养等。当孩子将生活重心从网络扩展到了其他层面时，就会有兴趣进行其他改变。

（6）提升孩子学习动机和自信。协助孩子找回对学习的兴趣及自信心，才能让孩子从网络小说的瘾中慢慢走出来。在经济能力允许的情况下，可以找一个家教，帮孩子把落后的功课补上，让孩子再次对学习充满信心和乐趣。

当然，很多事物都有双面性，在不同的事情中，孩子都可能吸收到好的东西。作为家长，不能"一棒子打死"，必须先认真了解，喜欢孩子喜欢的东西，双方建立起有效的沟通渠道，孩子才可能平衡兴趣与学习的时间分配。

2. 刷抖音只能作为调剂，不能占用读书的有效时间

文轩（化名）今年上初二，从4月份开始沉迷于抖音，课余时间几乎都花在了抖音上。家长多次对他进行劝诫，他非但没有改变，还变本加厉。

文轩在抖音上发布的视频，主要是字体的特效制作，多数是为了展示自己的才艺。随着他的视频逐渐被更多人关注，点赞、留言接踵而至，有人甚至还私信他要购买字体，甚至要拜他为师，这让文轩感受到了极大的成就感。

这样，文轩花在抖音上的时间越来越多。每天除了睡觉，几乎所有时间他都抱着手机刷抖音，生活除了抖音，再无其他。妈妈让他戒掉抖音，他却说："我的字体一套能卖出100元，现在我就能保证每个月的日常开支，为什么还要上学？"

在开学的时候，很多学校都会给孩子们播放《开学第一课》。其实，真正的开学第一课，就是告诉孩子：读书的意义，到底是什么？

如今，抖音用户越来越年轻，"00后"成为重度短视频围观者，受众年龄越来越低龄化。短视频这种形态，以最快速度走进了孩子的生活，家长一定要引起注意。虽然并不是所有的短视频内容都存在问题，但这种趋势值得家长注意。

越来越多的孩子热衷于刷抖音，他们不仅能将抖音热门段子模仿得惟妙惟肖，还相互攀比谁的点赞数最多、粉丝最多。有些高年级的孩子甚至还利用课余时间，进行原创小视频的制作。

数据显示，某小学一个班级的37名学生中，有21名学生观看抖音小视频，还有几名学生拍摄模仿过视频内容。这些孩子通常会在休息的时候看抖音视频，尤其是喜欢游戏视频和配音视频，甚至对此进行模拟拍摄。

这种情况着实令人担忧。一则，刷抖音会大量占用孩子的时间，分散注意力，影响学习；二则，有些抖音内容不适合孩子看，对孩子的身心会造成负面影响。

新媒体社交时代，该如何引导孩子呢？

（1）帮助孩子形成正确的荣誉观。在孩子从出生到步入社会之前，接触最多的是家庭成员，父母的价值观在很大程度上影响着孩子。在孩子稚嫩的世界观里，什么是光荣？什么是值得炫耀的呢？有些孩子可能认为引起轰动、粉丝数量多、发布的视频点击量多是一件光荣的事，于是就会发布一些博取大众眼球的卖点信息，以此获得满足感和荣耀感。要想从根本上改变、杜绝这种现象，就要教会孩子明辨是非，知道何为真正的光荣。

（2）成为孩子的知心人。跟网友互动是寻求陪伴的一种方式。当孩子沉迷于社交网络，喜欢和网友聊天胜于和父母沟通时，父母要反思一下是不是自己疏于陪伴孩子，才使得他们要在网上发布一些信息来寻求别人的关注。如果想让孩子自觉地少用社交网络，父母就要多陪陪孩子，让他们跟父母说说心里话。

（3）家长把好关。2018年4月，抖音正式上线了第一期反沉迷系统。用户连续使用90分钟后，正在播放的短视频上会出现一行文字，提醒用户注意时间。此外，抖音还提供了用户设定密码开启的时间锁功能，一旦单日使用时长累计达到2小时，系统就会自动锁定。但是，平台的这种改变能起到的作用是有限的，最终还是要靠家长把好关。

3. 沉溺于网络游戏，易被拉进危险的深渊

互联网信息丰富、覆盖广泛、传递快捷，对我们的工作和生活方式产生了深刻影响，不仅给我们带来了便利，还悄无声息地影响着青少年。

青少年在享受网络便利的同时，不可避免地面临受到网络不良内容侵害的风险。如：长期沉溺于网络游戏，荒废了学业；受暴力游戏的影响，持刀抢劫、沉迷色情等。此外，青少年自控能力差，好奇心强，很容易上当受骗，便捷的互联网支付模式、诱导性消费等，增加了不必要的家庭经济负担。因此，引导孩子规避互联网不良信息，是家长的一大重要责任。

情景一：

时间在一分分过去，妈妈在房间里坐立不安，每过一分，内心就像被锤子重重地敲一下。儿子在房间里玩网络游戏，已经6个小时了，从早上10点开始，现在已经下午4点，还没结束。妈妈感到焦虑担心，不知道怎么办才好。

情景二：

一个星期前，儿子请了病假，妈妈知道儿子不喜欢学习，心想休息一下可能对学习有好处。可是，休息了两天，儿子更不想去学校了，每天关在房间里打游戏。妈妈敲门，他就脾气暴躁地在里面嚷嚷，除了吃饭，基本上不开门。妈妈不知道儿子为什么会变成这样，那个听话、聪明、乖巧、成绩好的儿子不见了。

……

生活中，类似这样的家长有很多。面对沉迷于游戏的孩子，他们感到

焦虑、无助、痛苦，不知道哪里出了问题，不知道怎么和孩子相处，更不知道接下来该怎么做。

如今，很多孩子都喜欢玩网络游戏，学习之余，玩玩网络游戏无可厚非，可过分沉迷就有问题了。仔细研究沉迷于网络游戏不去上学的孩子，一般都具备两个特点：第一，网络游戏足够吸引他；第二，他敢不上学玩网络游戏。

网络游戏之所以能够吸引孩子，主要在于，玩网络游戏不仅能带给孩子精神层面的满足感，还有各种情绪情感的体验和表达，比如高兴、愤怒、悲伤、恐惧等。此外，在玩网络游戏过程中，孩子可以自由选择，即使是失败了或犯错了，也能重来，不会受到指责抱怨；成功晋级，还会得到各种奖励。

处于生长期的孩子，判断能力尚未成熟，很难辨别网络游戏中哪些行为可行、哪些行为不可行。他们的时间观念和自制力都比较弱，一旦沉迷于网络游戏，多半都无法靠自己去戒除。更重要的是，他们还未形成主次观念，不能很好地平衡学习和游戏之间的关系，一旦本末倒置，就会荒废学业。

孩子为什么会沉迷于网络游戏？原因不外乎以下几种：

从孩子角度来说，有的孩子对学习不感兴趣，自制力较弱，无法抵御网络游戏的诱惑；有的孩子是在学习上受挫，产生厌学心理，为了逃避学习，从而沉浸在网络游戏中。

从父母角度来说，有的父母忙工作，无暇陪伴孩子，为了省心，主动让孩子玩手机或电脑，时间久了，孩子就游戏成瘾；有的父母自己喜欢玩网络游戏，孩子受其影响，也变得沉迷于网络游戏。

只有找准孩子沉迷于网络游戏的原因，才能有效引导。

如果是孩子的原因，就要努力引导他们提高对学习的兴趣，提高自制力，抵御网络游戏的诱惑；孩子成绩不好，要鼓励他们再接再厉，让他们爱上学习。

如果是父母的原因，那在工作之余就要多关心孩子，抽时间陪伴孩子，不要玩手机，跟孩子一起做其他事情，比如读书或运动等。

如果孩子已经沉迷于网络游戏的世界，父母也不要焦虑，更不要对孩子采取打骂等粗暴的反对措施。可以从以下几方面做起：

（1）了解孩子在想什么。要想将孩子从网络游戏的世界里拉出来，最好的办法是了解孩子在想些什么、喜欢玩哪些网络游戏，然后再慢慢引导，让孩子把网络游戏当作生活的调剂。

（2）抽时间多陪伴孩子。父母可以多抽出时间，跟孩子一起玩同样的网络游戏，成为游戏里的"伙伴"。这样，才能更好地走近孩子，了解孩子内心所想，才会有机会对症下药，引导孩子逐渐学会管理时间和管理自我，正确地对待网络游戏。

（3）多进行一些体育运动。父母要多带孩子进行户外活动，一起旅游远足，让孩子多探索大自然的秘密与神奇；多带孩子参加体育运动，尤其是男孩，释放多余的精力与能量；父母还要经常跟孩子谈心，和孩子一起读书，谈论某款新的游戏，争取和孩子打成一片。

4. 沉迷于微信，也会让人的脚步停不下来

有人调侃："世界上最远的距离，莫过于我坐在你的对面，你却在玩手机。"如今，随着微信的广泛普及，很多人即使聚会，也没有心情交谈，更愿意低头玩微信。微信对大人的诱惑力都如此强大，对孩子更是如此。

星星是个小学五年级的孩子，成绩不错，在校的各方面表现也非常好。一次，班主任给他们布置了"集体作业"，需要跟几个同学一起完成幻灯片。

为了方便，星星跟同学都注册了微信，组建了一个微信群，在群里讨论。

一段时间后，妈妈察觉出了女儿的变化。星星玩微信越来越频繁，时间也越来越久。放学后，星星时常会拿出手机玩微信，要么跟同学聊天，要么刷朋友圈，有时还会玩微信小游戏。有一段时间，朋友圈里流行一种"激萌"自拍软件，孩子们都在朋友圈里晒各种图，比谁拍得好看，星星也不甘落后，几乎每天都自拍。

妈妈担心这会占用女儿的学习时间，让女儿学习分心，甚至担心女儿会沉迷于微信，被朋友圈里的攀比之风影响。

为了方便跟学校或孩子联系，很多家长都为孩子配备了智能手机。如此一来，就为孩子使用微信提供了便利，虽然获取信息也是孩子的需求之一，但是在很多家长眼里，微信始终都是心头大患。

微信是一种即时通信工具，形式灵活、信息量大，确实可以为孩子的学习提供帮助，增强交往和沟通等。可是孩子涉世不深、自制力不强，很容易因此忽略学习，影响正常作息，长此以往，还会影响身体健康。

信息化时代，使用手机等电子设备也是辅助教学的一种手段，完全杜绝孩子使用也不符合未来趋势。现在，老师已经将手机 APP 运用到教学中，比如，利用某个英语配音软件，促使孩子练习英语口语；拍摄教学视频，发到班级微信群里，如果孩子回家还有哪个知识点不理解，可以课后点击观看。事实证明，这确实是一种非常有效的教学方式。

孩子使用微信的利弊，主要取决于使用微信的目的和孩子的自制力，如果是为了学习而使用，应当支持；如果孩子缺乏自制力，就要加强引导，适当陪伴，不让孩子沉迷于此。

三、合理利用每一分钟，不浪费

每个人一天都只有 24 个小时，无论怎么压缩，也不会比别人多出一分一秒，但是，我们可以提高时间利用率，让同样的时间发挥双倍的价值。

为学习成绩而苦恼的孩子，总觉得时间不够用。因为他们觉得，要想把成绩赶上来，必须利用课余时间补课。但是，上学已经占据了大部分时间，课后又会布置好多作业，每天连作业都做不完，哪来的时间去补课？

孩子只能压缩睡觉的时间、吃饭的时间、休闲娱乐的时间……把学习以外的时间都压缩到极致，花了很多时间去学习，几乎达到了人的生理极限，但进步仍然十分有限。为什么？其实，学习时间的长短并不重要，重要的是效率！

1. 不要试图把所有的事情都做好

真正懂得利用时间的高手，一定是懂得如何舍弃。如果孩子今天计划要做五张试卷，语文、英语、数学、物理、化学各一张。那么就让孩子先做最需要提高的那门科目，即使做完一张后，因为某些事耽搁了，另外四张没做，已经做了的这一张试卷，依然对孩子的成绩有帮助。

在有限的时间内寻找最重要的事情来做，放弃那些看起来不太有价值的东西。更重要的是，要放弃那些看起来很有价值但超过自己能力范围的事。一道难度极高的题目，孩子总想挑战一下。如果做完了试卷前面的题目之后，还有充足的时间去解决最后一道难题，当然值得去挑战，因为它会给孩子加分。但是，如果前面的题目做起来都很困难，再去挑战这样的难题，不仅不会有结果，还会让孩子减分，就得不偿失了。

2. 根据不同内容的学习特点安排时间

在每个小时里，我们周围的环境、生理心理状态，都会发生变化。

上课的时间和在家自习的时间，各不相同，不能简单把24个小时划分成一个一个的小格子，然后往里填充内容，必须引导孩子学会将不同的学习内容和不同的时间相契合。

如果需要进行大量阅读、理解和背诵的学习，就要安排时间比较长、精力比较充沛、不容易受到干扰的时间段来做。而在精力不太旺盛、比较容易受干扰的时间段，就要做练习题。做题的时候需要动笔演算，可以强迫孩子集中注意力，即使周围环境比较吵闹，孩子精力不太充沛，依然可以达到练习的效果。

3. 不要将时间浪费在辅导班上

不知道大家有没有观察到一个现象：很多整天跑去上课外辅导班的孩子，成绩反而不会太好。而那些以课内学习为主，上课外辅导班很少，甚至不上的孩子，学习成绩反而优秀很多。

道理并不复杂，因为学习更主动、更有效率的孩子，都不会太过依赖课外辅导班，而是学好课内知识，认真思考，举一反三。同样，善于思考、能解决问题的孩子，也不会太依赖课外辅导班。

四、读书要见缝插针，零碎时间同样宝贵

水滴石穿的道理，相信很多人都知道，将零碎的时间累积起来，也会是一个很大的数字。

东汉学者董遇非常好学，他经常利用"三余"时间来学习。所谓三余，就是三种空闲时间：冬天没有多少农活，是一年中的空闲时间；夜间不便下地劳动，是一天中的空闲时间；雨天不便出门，也是一种空闲时间。

在日常生活中，孩子也有很多零碎时间。合理利用这些零碎时间，并将其合理安排到自己的读书计划中，积少成多，孩子就能得到更多的收获。

著名数学家华罗庚曾经说："时间是由分秒积成的，只有善于利用零星时间，才能做出更大的成绩。"因此，要教孩子利用零碎时间，见缝插针，为己所用。比如，等车的时候，可以背诵课文、公式、单词；放学回家的路上，可以观察事物，思考问题；晚上睡觉前，可以回忆当天学过的内容等。

2019年，一段河北某中学食堂排队打饭还看书的视频引发了网友的热议。据了解，凌晨五点半，学生就开始早读，为了防止打瞌睡，大家都站着背诵。

在感叹孩子辛苦的同时，不得不承认：越努力，才能越幸运，善用零碎时间，一定会取得不错的效果。

很多时候，时间都不会大段大段地出现，反而会隐藏起来，就像不起眼的水珠，10秒、30秒、60秒，无声无息，落入岁月的长河。忽视了它们，它们就会烟消云散，无法重新捡拾起来。记住：成功离不开对零碎时间的利用。

时间就像海绵里的水，只要愿挤，总还是有的。在紧张的学习生活里，孩子的时间主要消耗在三个方面：吃饭、睡觉和学习。其实，在这三项活动的间隙里，还存在很多琐碎时间，比如，睡觉前、起床、洗漱、走路、等车、乘车等。合理利用每一分钟，根据不同的场景和时间的长短，安排不同的学习，同时有针对性、计划性地实施，才不会不知所措。

1. 乘坐地铁、公交车时

公交车或地铁上一般都嘈杂拥挤，无法安静地思考问题；听音频又需要很大的声音，容易伤害听力。这时候，可以把平时抄录的英语单词、语文字音字形、语文成语等资料拿出来看几眼，随看随记。

2. 放学等车或回家时

放学时，可以跟同学针对某一知识点或热门话题，互相提问和探讨。如此，不仅能碰撞出不同的观点，还能加深记忆，更有助于知识的查漏补缺。

3. 起床洗漱时

起床洗漱的时间比较短，不能系统地记忆某些知识，可以用来记忆单一的知识点，例如：单词、公式、诗词等。

4. 睡觉前和醒来后

这两个时间段是"记忆的黄金时间段"。睡觉前，躺在床上闭上眼睛，可以在脑海里把学过的内容串联复习一遍；第二天早上醒来，再把前一天晚上记忆的内容复习一遍。长此以往，学习效率定然有所提高。

下篇　掌握有效方法，提高读书效率

要想提高读书效率，就要掌握有效的方法！

重视预习，并坚持下来。

重视课堂时间，抓住重点和难点。

正确做笔记，提高课堂效率。

重视作业、复习和考试，做好巩固和复习。

第9章
有方法:
掌握好方法,读书更有效

一、善于求知，敢于提问

在课堂上认真仔细听讲是学习的中心环节，而敢于提问则是孩子主动学习的体现。在学习过程中善于发现问题并对问题进行探索，就得善于运用思维意识，课上浪费十分钟，课后就要花一个小时甚至更多的时间才能把遗漏的知识点补回来。课堂上不积极思考，会浪费掉大部分的学习时间。即使课后再努力、再勤奋，也难免捡了芝麻丢了西瓜。

提问是一个学习、沉淀、思考的过程，并不是每个孩子都能在读书的过程中发现并提出问题，可只要解决了提出的问题，就可能发现一个"新大陆"。孩子的思考能力、解决问题的能力以及创新能力都将得到提高。

敢于提问的孩子大多是不畏人眼光，具有明确目标的人，他们清楚自己的目标，能够摒弃一切杂念，不畏人言，不畏人眼。如果想让孩子敢于提问，就要鼓励他们多多思考，不要机械性地学习。

在"提问—解决问题"的过程中，有所收获并体会到学习的乐趣，自然就能变得热爱学习，孩子的创新能力也将得到提高。因此，"提问"才是一个孩子最可贵的能力。

1. 增强孩子提问的勇气

要告诉孩子，有疑问是正常的，可能自己的问题也是其他人想问的，所以不要害羞，也不要害怕。即使是个人问题，也不要害怕丢人，因为不懂装懂的后果更严重，只会害了自己。所以，要鼓励孩子大着胆子多发问，当问题越来越少的时候，学习效果就会越来越好。

2. 教给孩子提问的方法

虽然提问的方法有很多，但对于不同的人，要使用不同的方法。比如，孩子向老师提问，要明确问题是什么，并组织好语言，整理好逻辑。如果自己都不知道要问什么，说半天，老师都没听明白，反而耽误时间。

3. 大胆怀疑现有的结论

有了问题，才能引发独立思考，然后迫使自己去寻求答案。如果找不到满意的答案，就要让孩子向老师或同学请教，不思考原因，就不会真正理解，题型只要发生变化，就不会做了。

4. 争取超前老师的思路

课堂上，如果发现自己的想法和老师的不一样，要先听老师的讲解，然后再举手提出自己的思路。如果老师在课堂上给学生留有思考的时间，就要让孩子自己提出问题。

二、把"要我读"变为"我要读"

看着孩子一天天长大，家长都会觉得很高兴。可是，看到别人家的孩子爱学习，不用家长督促就能自己把作业认真完成，不用大人教导管理学习成绩也照样很好，而自己的孩子只知道玩，让他写作业，要么说"等会儿"，要么就找借口，成绩一天不如一天，很多家长都会焦虑不安。那么怎样才能让孩子主动学习呢？

有个孩子，从小学开始母亲就一直陪读，陪着做作业，到了初中也是这样。

一天，母亲下楼买酱油回来，发现孩子一个字都没动。也就是说，没有妈妈的陪伴和督促，孩子完全不知道自己该做些什么或该如何做。

这种学习就是被动的，而不是主动学习。

其实孩子不喜欢学习是学习心态的问题，可能是受到了教育环境中不良因素的影响。例如，孩子某学科考试考砸了，受到家长的指责，心理受到挫折，开始讨厌这一科，越学不好，越不想学，越不学，就越学不好。如此恶性循环，孩子就会渐渐厌学，最后干脆就不学了。

被动学习的孩子，就像俗话说的"青蛙一样，戳一下，跳一下"，不善于思考，不会主动寻找解决方案，最终会影响其一生。主动学习的孩子是什么样的呢？

孩子上小学，有段时间韩先生很忙，没有顾上照顾孩子，也没时间检查作业。孩子单元测试考了八十分，老师给他打电话说："最近是不是疏忽了孩子的教育，他这次考了八十分哦。"韩先生不解地说："八十分，还可以呀。"结果老师说，是班级最后一名。韩先生无话可说，老师告知韩先生，要好好辅导一下。韩先生觉得有些不好意思，感到很内疚。

但是，韩先生依旧忙于公司事务，没有时间辅导孩子。结果，再一次测试，孩子成绩提高，考了班级第四名。老师给韩先生打电话说："你看，给他辅导，进步多大。"韩先生心里很想说："我啥都没做，是他自己想学。"

可见，只要内驱力足够，孩子就能激发出想学习的心，自然会想尽一切办法提高成绩。

被动学习的孩子，做作业时，需要家长盯着，家长稍微放松，孩子就会开小差。家长不断强调提醒，孩子却总是磨磨蹭蹭，不愿做作业。面对这种情况家长不要盲目地强迫、威逼利诱孩子去学习，要找出原因再对症下药。

什么是主动学习？就是自己学习意识的觉醒，不用他人提醒和催促，孩子就能自觉主动完成学习任务，取得突破性的进步。

1. 被动学习的原因

孩子为什么不想学习？常见的原因可能是：

（1）缺乏动机。有些孩子之所以不想学习，就是因为缺少学习的动机，要让孩子明白：学习不是家长老师给他的任务，而是自己的事。每个孩子都有表现欲，希望得到家长的肯定，发现孩子的优点并学会称赞，会让他更加乐于表现，更有动力去学习。

（2）环境因素。数据显示，"阅读型"家庭子女成绩优秀的比例更高。闲暇时父母经常读书看报，子女成绩优秀的比例为31.31%。可见，营造适合学习的家庭环境对孩子专注学习的能力有正面影响。在孩子学习时，家长应尽量保持安静，如果电视声太大或吵闹声过大，孩子就无法专心学习，容易分心。

（3）情绪不稳定。有些孩子不想学是因为跟同学相处不好，这时候父母就要引导孩子主动思考，同时给出意见，比如："对这个问题，妈妈是这样看的。"让孩子不要逃避问题。

2. 主动学习的方法

怎么才能培育孩子的学习主动性呢？

（1）让孩子自己发现答案。孩子遇到了问题，家长不要急于告知孩子怎么办，要鼓励孩子去发现和探索。虽然知道答案的进程会慢一些，但主动发现答案，有助于孩子养成主动学习的习惯。

（2）让孩子自己安排时间。每个孩子都需要有自己的时间，用自己的大脑去思考问题。如果孩子的时间都被父母包揽，自主性自然就无法提高。要让孩子成为时间的主人，让他自己安排时间，他才会觉得时间是自己的，学习是自己的事情。

（3）让孩子自主选择。孩子从小到大会面临许多选择，其自主性表现在如何进行选择。剥夺了孩子选择的权利，等于剥夺了他自主的权利，怎么还会有主动性？家长只要监督孩子的大方向没有错即可，一些小的决策权应该适当地交给孩子。孩子使用自己掌握的知识和思维能力，选出一个答案，是他主动学习的结果，家长要接纳他自主学习的效果，再引导他做出更好的选择。

三、寻找读书的薄弱环节，并一举突破

在读书的过程中，孩子最薄弱的环节是哪个？明确学习弱点是孩子需要学会的技能。更广义地讲，要找出自己的问题究竟出在哪里。

读书时，每个孩子都会有自己的强项和弱项，比如有的孩子善于获取和理解，不擅长拓展。努力发现薄弱环节，才能知道如何去弥补。

1. 孩子不懂获取

孩子不懂获取知识，主要表现为下面两种：

（1）阅读和听讲速度慢；

（2）需要反复阅读。

造成这两种表现的原因有三方面：（1）没有养成好的阅读和学习习惯，容易分心，不能持久阅读，阅读花费时间长，一个材料要反复阅读几遍。（2）不好的笔记习惯。笔记记得太多会没有时间思考，笔记记得太少或者记得不对，容易造成知识点的丢失或错误。（3）不理解基本名词和语法。不清楚基本概念，读书就是一头雾水，毫无所获。要想解决这个问题，就要养成良好的学习、阅读和做笔记的习惯。

2. 孩子不善理解

孩子不善理解，主要表现为：（1）孩子虽然在读书，但不知道作者到底说的是什么。（2）笔记记得很清晰、完美，却不明白是什么意思。其实，如果孩子理解有困难，可以寻找写得更好、解释得更清楚的材料阅

读。即使觉得无法理解，也不必太忧虑，遇到不能理解的问题时，可以放慢阅读速度，寻找不同的说法。

3. 孩子不会拓展

孩子不会拓展，表现只有一个：缺少灵活性。孩子已经掌握了新知识，却无法将它与其他学过的知识联系起来。让他用新知识去解决一个非常规问题，就会束手无策。他们会按照老师教的公式和方法解决问题，但如果问题的背景稍微改变，就不会了。不会举一反三，就是拓展能力差的表现。

4. 孩子不会纠错

孩子不懂纠错，主要表现为错误联系太多。这个问题在课堂上很少出现，在现实生活中却很普遍。道理很简单，因为课堂上，孩子很少做拓展，联系少，错误的联系也就少，需要纠错的地方也就不多。

5. 孩子不会应用

孩子拥有"书本智慧"却缺乏常识，即不会运用知识。要想解决这个问题，唯一办法就是多实践，抛开书本，走出去，做实验，接触生活，融入社会。

四、找到属于自己的最佳记忆时间

有个孩子的最佳记忆时间是在晚上八九点左右，可是妈妈一直觉得早上是最好的记忆时间。所以，他总是被妈妈很早就叫起来学习。晚上他正学得津津有味的时候，妈妈就会催他早点儿睡觉，还说他"早上不学，晚上来做样子学习"，他感到很委屈。

数据显示，只有约30%的人在早晨记忆力最佳，这些人在一清醒时就已经做好了吸收新知识的准备；大约30%的人在下午记忆力最佳，午饭之后才会真正清醒过来；大约30%的人在晚上记忆力最佳，就是所谓的"夜猫子"；只有约10%的人没有时间偏向性，任何时间学习都能集中精力。

那么，怎样来确定孩子的最佳记忆时间呢？方法很简单，可以在早上、上午、中午、下午、晚上等各个时间段找一些孩子不认识的单词来让孩子记忆。早上背诵的，到中午看看孩子还记得多少；中午背诵的，晚上看看孩子还记得多少……以此类推，看看孩子哪个时间段记忆最好。

一直以来，人们都认为最佳记忆时间是早晨，其实每个孩子的最佳记忆时间段并不完全相同，大致可分为以下几个时间段。

1. 清晨6～7点

这段时间，孩子刚刚起床。经过一夜的休息，体内的器官已经将身体的毒素、垃圾清理干净，且大脑才刚刚开始一天的工作，没处理过任何信息、没记忆过任何知识，记忆力特别清晰。从上初中开始，学校便开设了早自习，很多孩子每天6点就要赶到学校，而早自习最要紧的事便是背书。学校之所以要安排孩子在早上背书，就是因为这个时间段记忆效果非常好。

2. 上午8～10点

孩子经过了一夜的休息，早上进行了轻微的活动，神经的兴奋度得到提高，心脏和其他器官也处于最佳状态，精力旺盛，大脑活跃，记忆效果也非常高效。此时，可以让孩子背些语文课文、英语课文等，晚上再巩固复习。

3. 傍晚6～8点

孩子通常会在下午5点结束一天的课程，这时大脑处于疲劳状态，放学后要让他们尽情玩一会儿。到了晚上6～8点，孩子的大脑已经得到了放松，精力处于旺盛状态，无论是做作业，还是巩固一天所学知识和背诵都很合适。这段时间又被称为记忆的黄金时刻，是记忆用脑、学习能力和精力最旺盛的时候，可以利用这一时间段进行巩固复习，将上午背诵的内容再背一遍。

4. 临睡前1～2小时

很多时候，眼看着到了睡觉的时间，孩子却一点儿也不困，反而很兴奋。这时，大脑又开始活跃起来，也能产生很好的记忆效果。此时，可以让孩子复习、预习一些较难的知识，睡前留下印象，第二天就能更快更好地进入状态。

五、读书要保有好奇心

好奇心是孩子内心的神奇发动机。没有好奇心，孩子就不会主动学习；有了好奇心，孩子才能自动自发地学习。

男孩长得可爱又淘气，非常喜欢火山。虽然刚上小学二年级，但对全世界的火山如数家珍，诸如"火山碎屑流、火山岩、火山气体"等火山术语，不时从他嘴里蹦出来。如果不看他本人，还以为这是一位专业的火山科学家!

男孩是怎么喜欢上火山的呢？三岁时，妈妈带男孩去了科技馆，他看到火山模拟室，看了一会儿，感到害怕，立刻跑到门口，扑到妈妈怀里。妈妈刚要抱着他离开，他又从妈妈怀里跳下，跑进去看。结果，好奇心战胜了害怕，他跑出跑进，一连看了三遍的火山爆发。

男孩很想知道，一座再普通不过的大山，为什么会突然吐烟雾、喷火、甩石块？于是，男孩提出了很多关于火山的"为什么"。妈妈用自己上学时期学过的一点儿地理知识解释给他听，可是没多久，这些解释就不能满足他的好奇心了。

妈妈只好带男孩去书店，找关于火山的书。后来，妈妈还为他购买了美国发现频道拍摄的火山纪录片光盘。那些光盘都是英文原声，没有中文翻译，对英文一窍不通的男孩却能津津有味地看50分钟。之后，火山、火山灰等英文单词就能随口而出。

为了搞清楚哪些地方有火山，男孩还会站在妈妈专门给他买的世界地图前观察。四五年很快过去了，男孩对火山的兴趣丝毫未减，不用父母告诉他，他就知道，如果想了解火山的更多秘密，就得多学习。对火山的好奇成了他学习的动力，他还树立了人生的第一个理想——当火山科学家，专门研究火山。

从这个孩子的身上可以看到，好奇心一旦开始发动，就能产生无穷的动力。

每个孩子都有这样的好奇心，都能在好奇心的驱动下努力学习。孩子第一天踏入学校门槛时，都是好奇的、兴奋的，只不过，后来他的好奇心就不发威了，但好奇心绝对还在。

好奇心是兴趣的起源，是创造力的开始。孩子在表现出对新鲜事物的好奇时，家长不要多做干预，即使孩子有些行为是"不正确"的，也要鼓励他们在保证安全的情况下试着去探索。

拥有好奇心的孩子往往都十分聪明，他们有探索的欲望，想要获得新知识。人生最可怕的就是没有好奇心，没有精神寄托，过着无趣的生活。那么，怎样保持孩子的好奇心呢？

1.鼓励孩子去博物馆和科技馆

对于孩子来讲，博物馆里有很多奇妙的东西，大段大段的文字很少，取而代之的是图形、模型和实物，非常直观，适合孩子学习，能够提高孩子的学习兴趣。从学龄前到小学再到中学，都要鼓励孩子去博物馆。随着孩子年龄的增长和学习课程的深入，每次去博物馆孩子都会有不少收获。上学以后，孩子会试着用自己学到的知识来解释博物馆里看到的现象，也会在上课时联想到博物馆中看到的内容，将课内的知识点与实际相结合，融会贯通。

2.告诉孩子，不要急于求成

对于孩子经过思考而得出的结论，只要逻辑上没错，就不要立刻否定。比如，孩子通过观察太阳东升西落，得出"太阳绕着地球转"的结论。家长不要立刻告诉孩子，是地球绕着太阳转。为了"真理"而把简单的问题弄得很复杂，只会让孩子失去兴趣。家长要耐心一点儿，先肯定孩子的观察和思考，然后再一起查资料，告诉孩子为什么现在的主流说法是地球绕着太阳转。急于否定孩子，会让他越来越不自信。

3. 引导孩子减少依赖，自己解决

孩子自己做得越多，成就感越强。不要害怕孩子失误和失败，比如，孩子在玩游戏时，经过数次失败，花了一个小时才过了一关，但他很开心，还想继续玩。如果家长这时抓住孩子控制鼠标的手，用了 5 分钟就帮他闯关成功，孩子就不会那么开心了。孩子解决问题的能力并不像家长想象的那样弱，要鼓励他们自己的事情自己做。

第10章
读书方法：
先走一步，做好预习

一、明确预习步骤，并坚持下来

课前预习能够提高听课效率，提高做笔记的能力，培养孩子的自学能力。因此，孩子要想成为学习的佼佼者，课前预习必不可少。

预习中，孩子需要具备较强的逻辑思维能力，能够独立阅读和思考，接受新知识。如果课前不预习，对于讲课的知识一点儿也不了解，就无法百分百地接收课堂知识，课后还需要花费更多的时间去复习。课堂上条理不清晰，就会漏掉很多老师讲授的重点知识。

不同于复习，在预习中，可能会出现陌生字词，需要孩子用圈、点、勾、画等方法把它标记出来，然后再收集有关资料，获得新知识。

在很多人的固有观念里，课前预习就是浏览一下第二天要学的知识，知道第二天课堂上老师会讲什么。其实，这只是普通的课前预习，真正的课前预习并不是这么简单。

下面以语文科目的预习为例，来加以说明。语文的预习一般可通过以下六大步骤进行：

1. 画重点

预览课文生字表中要求"学会"的生字，先将生字圈出来，然后对照课后要求"会认"的生字，用"▲"在课文中画出，以区别要求"学会"的字。然后，阅读教材，遇到不明白的地方标注"？"，遇到妙词佳句就用"~~~"画出来。

2. 查字典

找到疑难生字词后，要查字典。不了解课文背景和作者情况，要查阅弄懂。疑问完全可以通过查字典解答，就不要让其留在脑海中，困扰自己。

3. 补知识

遇到已经学过却没有懂的知识，要在下一课前搞清楚，将其补充入脑海里。因为知识都是阶梯型的，有很强的连续性，上一个阶梯的知识没有弄懂，就很难理解下一阶梯的题目。

4. 读课文

读书百遍，其义自见。课前预习并非一言不发、埋头苦看，而是要将内容大声朗读出来。无论是文科语文文章，还是理科数学公式，都要熟读背诵。

5. 做练习

在预习过程中，要写一写、做一做，看概念是否明白、方法是否掌握。

6. 记疑问

自我检测后，如果发现有些问题是当下无法解答的，可以将疑问记下来，第二天问老师和同学。

二、迅速浏览，使自己对新课胸中有数

在预习中，遇到不懂的地方，要让孩子做好标记。然后，再对有关旧

知识进行复习，以此来补充不知道的地方。经过预习，孩子对新知识已经心中有数，就容易跟上老师的讲课思路，甚至还能跑到老师思路的前面。

快速浏览课文的时候，不但要保证速度，还要提高质量，所以在平时的阅读中要掌握一定的方法。

每本书都有其主题和重点，浏览就是要抓住重点，弄清结构，进行概括性了解，为进一步精读奠定基础。

1. 查看封面

拿到一本书，首先要看的就是它的封面。封面上有三个信息十分重要，分别是书名、作者和出版单位。

（1）书名。书籍的名称，往往可以提示该书的主要内容。一般来说，书名有虚实两种。虚主题，通常采用比喻或象征的手法，暗示全书主题或主要内容，如《红与黑》等；实主题，直接运用与书中内容有联系的事件、人物、地点等，如《包法利夫人》《水浒传》等。不管是哪种，作者在决定书名时，都要经过反复推敲，所以通过书籍的名称，基本可以了解作者所要表达的寓意。

（2）作者。了解书名后，接下来就要了解作者的情况。如果遇到的作者比较熟悉，过去读过他的作品，对其作品的语言、写作手法等都会比较熟悉；如果是首次阅读该作者作品，就要抱着认识的态度去了解。

（3）出版单位。一般来说，国内的出版单位都有出版的侧重点，比如：文学出版社、文艺出版社等侧重文学和艺术书籍；教育出版社，侧重于大中小学等教育书籍；古籍出版社，侧重于古代史料的出版；科学技术出版社，侧重于科技领域书籍的出版。所以，根据出版社，也可以初步判断书籍的内容。

2. 查阅提要和目录

（1）所谓内容提要，就是概括全书的主要内容，提炼全书的主旨，指明全书的主要思想价值和艺术价值的简洁文字。内容提要虽然只有三言两语，但可以帮助孩子判断对该书内容的取舍。看了提要，如果发现该书与自己关系不大或已经很熟悉，就可以不再阅读；如果只需泛泛地了解，就可以粗略浏览；如果某方面的知识是孩子目前需要了解的，就要重点阅读。

（2）目录是全书内容的纲目，更具体、更详尽，包含着更大的信息量。目录，是寻求学问的"入门"之径。阅读目录有三大好处：第一，目录具有极强的概括性，阅读目录，能提纲挈领地了解全书的主旨和各部分内容；第二，可以从整体上把握全书的结构布局，了解全书与各章节以及章节与章节之间的逻辑关系，进而体察作者的思想和行文脉络；第三，根据目录，可以判断该书的价值。在阅读过程中，孩子就能更好地进行选择，把主要精力放在重点内容和自己急需了解的章节上。

3. 查阅序言

书籍都有序言，只不过叫法不同，比如：序、序文、编者的话、出版说明等。序言有的是编者所作，有的是请知名人士代写，有的是出版单位代作，但都会介绍适合该书的阅读对象、书籍的主要内容、写作目的、编写体例等。所以，在正式阅读前，需要先阅读序言。

阅读序言，有以下作用：了解该书的读者对象，判断是否适合自己阅读；了解作者写作的缘由、背景和目的，理解全书的主旨；了解该书的主要内容，抓住重点和难点；部分序言包含着对全书内容的概括性评价，便于孩子了解该书的优缺点。

三、选择真正适合自己的预习方法

现在的课本相对较难,一年级的语文课本就出现了诗歌,且每一篇都是需要背诵的。但是,所学的诗歌或文章都是由浅入深规划安排的,孩子在一年级学过杜甫的诗,在后面的学习中,还会遇到杜甫的诗,这时孩子就会感到很熟悉,大脑里会不自觉地想到前面所学的内容,有利于孩子巩固所学知识。

现实中,很多孩子都没有养成预习的习惯,很大一部分原因就是没有找到适合自己的预习方法。下面,为大家介绍几种高效的预习方式。

1. 鸟瞰预习法

鸟瞰预习法又称宏观预习法。鸟瞰,就是概括地看,从总体上看,从高处往下看。鸟瞰式预习就是,从整体上粗略地预习,大概了解所学知识,然后制订科学的学习计划。这种预习方式,一般用于假期或开学之初。因为这段时间相对宽裕,便于孩子自我安排,且学习比较轻松。比如,在暑假或开学之初新教材刚刚发下来的时候,可以让孩子利用一两天的时间,粗略地预习一下要学的内容。鸟瞰式预习主要是看标题、读目录,从章节目录的大小标题中,大致了解全书或某些章节的内容。

2. 尝试预习法

所谓尝试预习法,就是按照课文后的思考题目、复习题目或练习题目进行预习,尝试作答。回答不出来时再预习,预习过再尝试作答,直至大体掌握为止。尝试预习的关键是，在初步熟悉教材之后，合上书本，围绕课后思考题想一想：该课讲了什么新问题、自己弄懂了没有、这些新知识与旧知识有什么联系、自己是否已经掌握、还有什么不懂的问题需要上课时听老师讲解……通过这样的回忆，就能初步检查自己的预习效果，进而尝试做题，检验出知识或技巧方面的欠缺，及时调整和改进预习方法。

3. 提纲预习法

对于历史、地理、生物、政治等科目，可以使用提纲预习法，增强预习效率，加深理解和记忆。具体方法就是，通过预习，把所学的内容列成不同形式的提纲，提炼概括为有逻辑关系的纲要结构，使之脉络清晰，层次分明，文字精练，观点突出，便于掌握章节大意和中心思想。如此，不仅能加深对学习内容的印象，未来进行复习时，也是很好的参考资料。

4. 思考预习法

要想提高预习质量，就要会用思考预习法。所谓思考预习法，就是一边读一边想，或读完教材之后想一想。"一边读一边想"就是，在阅读新教材的同时，运用已有的知识和经验，结合有关资料和参考书，进行独立思考。"读完后想一想"就是，通读教材后，合上书本，再回过头来想一想：哪些弄懂了、哪些不明白、哪些是重点、哪些是难点、哪里有疑点、哪些知识与旧知识有联系等。

5. 标记预习法

预习时，很多孩子都是走马观花、浮光掠影地看看，浅尝辄止。这种预习方式，是无效的。虽然是预习，也应力求取得最好的效果，发现问题，列出难点。标记预习法就能达到这一目的。所谓标记预习法，就是预习时边读边画、边读边批、边读边写。遇到新的公式和定理，就要想一想，做出标记，标出重点，画出层次，写出体会。如此，第二天上课时才能做到心里有数，跟得上老师的脚步，更好地理解课堂内容。

6. 浏览预习法

所谓浏览预习法，就是先通读教材，了解内容。然后，合上课本想一想，下节课老师要讲什么内容、与新课联系的旧知识有哪些、自己是否读懂了、还有什么地方不明白、上课时应着重听老师讲什么等。不同于前面介绍的鸟瞰预习法，这种方法需要对预习内容有更深入的了解，但又不用花费较多的时间，适合用于出现特殊情况，无法确保预习时间时使用。

7. 定量预习法

所谓定量预习法，就是依据自己的生活规律，制订科学的预习计划，安排科学的预习程序，确定科学的预习方法。定量就是，预习时要定时间、定内容、定数量、定质量。具体方法是：在总的时间内，定出若干期限，到期后自己检查，确认是快了还是慢了。需要强调的是，定量预习要严格要求自己，保证按规定执行计划，学会克制，学会坚持。

8. 笔记预习法

阅读课文后，不仅要简明扼要地用自己的话写出来，也要记录下自己的心得体会及未解决的问题，还可用彩笔在书上勾画、圈点、批注。如此，上课时，只要看着书本，就能跟上老师的授课进度了。

四、不同科目，要采用不同的方法

不同科目有不同的特点、能力要求、难易程度等，选择合适的预习方法，预习效果才能更好。

艾瑞的语文成绩非常好。在预习语文的时候，他既会想到语文读写知识的重要性，也会考虑到理解能力、写作能力、思考能力等的发挥，甚至还独创了"三遍预习法"。

第一遍通读全文，主要解决字词问题。在这个过程中，如果遇到生字生词，他就会查阅工具书，弄懂具体的意思。同时，还会试着写出这个字或词的近义词、反义词，及在具体语境中的运用。

第二遍通读，会知道文章的大致内容以及叙述方式。他会将精彩段落勾画或写下来，还能说出写法的主要特色。

第三遍通读，会深入了解文章的写作时间及背景，体会作者要反映、揭露、抨击或赞美的东西，然后概括文章中心思想。

当然，艾瑞并没有拘泥于预习三遍的形式，如果文章比较易懂，读两遍就能将问题处理完。

在预习的过程中，艾瑞不仅注意字词语法的掌握，还重视阅读能力、分析能力、写作能力的提高。如此一来，他不但提高了预习效率，还锻炼了阅读理解能力。所以，艾瑞的语文成绩一直是名列前茅。

玩是孩子的天性，没有不爱玩的孩子，除非这个东西比玩更能吸引孩子。如果孩子喜欢看书，那他一定能从书中找到乐趣；如果孩子处于被动学习的状态，就利用一两个月的寒暑假让他玩个痛快。

家长想让孩子收心，就要找到他的乐趣。孩子只要能自觉学习，家长基本就可以放手，预习可以让孩子提前知道所学内容，上课的时候他会更自信，更有成就感，学习的积极性就会提高。

但每科都有每科的特点，无论在学习还是预习的时候，都要寻找适合的预习方法。因为只有使用正确的预习方法，才能取得事半功倍的效果。

1. 预习文科，用提纲法

如果是文科，可以将要学习的内容列成不同形式的大纲，提炼归纳成逻辑相关的大纲结构，使其脉络清晰、层次分明、文字简洁、观点突出，从而掌握本章的大意和中心思想。

2. 预习理科，用章节或专题预习

数学、物理、化学等课程知识的连续性很强，许多知识细节都隐藏在普通知识的语境中。因此，要想提高学习效率，就要集中时间进行阶段预习和学期预习。

首先，阅读课文，理解规律、公式等。

其次，扫除知识盲点和绊脚石。数学和化学知识是连续的，不理解前面的概念，后面的课程就不能继续。

最后，试着练习，但要精确。要想检验预习效果，就要精心挑选数学、化学教材中的习题，巩固所学知识。

3. 预习英语，着重单词和课文

英语预览分为单词预览和文本预览。可以先看单词表，也可以直接在课文中不懂的地方做标记，找出以前学过但还没掌握的东西。当然，一定要保证阅读量，不断积累词汇量，遇到出现率高的生词短语，要查字典记录下来，最好附上例句。

五、做好假期预习，保证知识衔接

学习过程中，很多孩子都会被学过的知识绊住。出现这种情况的原因一般有两种：一种是学习时没有记住这些知识；另一种是当时记住了，但时间久了，没有复习就忘了。新知识和旧知识衔接不上，影响了听课效率。

会学习的孩子，为了防止出现这种情况，都会在假期对新知识进行预习，扫清上学期遗留的知识死角。

博明考上重点高中后，觉得自己已经辛苦了一年，该轻松一下了。于是他整个暑假都在玩，根本没有碰书本。

开学后，老师在讲"离子反应"一节中提道："在初中化学里，我们已经学过，电解质溶解于水会电离成离子。所以，电解质在溶液中的反应，其实就是离子之间的反应。"这本来是个很简单的常识性知识，对于成绩一向优异的博明来说应该不算什么，可是老师连续提到了电解质、电离、离子等概念，博明一下子没反应过来，理解不了老师所讲的内容，概念混乱、毫无头绪，没有跟上老师的速度，感觉非常吃力。

课后，博明想明白了，这都是自己一个暑假没看书造成的。之后，他就对假期重视起来，直至去美国攻读硕士学位。

任何知识，只要时间长了，都可能被遗忘，更何况经过一个长长的假期。这个事例给不重视假期预习的孩子提了个醒，假期预习并非多此一举，而是非常必要。

假期预习，就能提前知道下学期将要学习的大致内容，根据内容制订出合理的计划；假期预习中，还能扫清旧知识的障碍，向着新知识奋进。当然，为了取得更好的预习效果，假期预习可以从以下几方面着手。

1. 借用学长、学姐的课本

预习的时候，虽然基本都发了新课本，但家长最好鼓励并帮助孩子借学习较优异的学长或学姐用过的课本，如语文、数学、物理、化学等。用过的课本上，既有练习题的答案，也有对重点内容的勾画，还可能有一些听课笔记，这都是很好的学习经验，有助于理解预习的内容。

2. 通读课本

通读课本，要大致了解哪些章节、概念是重点，哪些是难点。从心理上做好了准备，预习的时候才能集中注意力。在通读课本的过程中，要弥补上学期没有掌握好的知识，简单了解新知识，并准备听课需要的学习用具等。

3. 尝试着做练习题

在预习阶段，做题是对预习成果的检验。预习的时候，可以演算一下课后的基础题，然后对着书上已有的答案检验一遍。出了错，即使找不到错误的原因，也没有关系，可以通过后续课堂上的讲解来发现错误。有了这次的教训，以后就不容易出错了。

4. 多看辅导材料

假期是读课外书的好时光，在选择课外书的时候，应尽量与新学期的课本知识联系起来。比如，物理方面，有许多物理现象、物理原理和物理人物，可以选择与这些知识背景、科学人物相关的书籍，熟悉相关知识，学习就容易些。预习语文、历史等科目的时候，可以让孩子看一些和课本知识同步的名著、演绎小说、历史文学等，只要掌握了故事、知识、人物等大背景，理解节选的历史事件和语文课文，学起来就会容易很多。

第11章
读书方法：
重视课堂，抓住重点

一、少些好奇心，少些小动作

生活中，很多孩子会有这样的困惑：大家一样坐在教室里，为什么其他同学的学习效率高、成绩高？对于有这样困惑的孩子，我们看看在他身上是不是存在这样的小细节：

手里捏着铅笔，一会儿用卷笔刀削铅笔，一会儿用牙齿咬铅笔，一会儿把笔摔在地上，各种小动作不断。

写作业时，别人都已经写完1～5道题，一些孩子还在削铅笔，缺少提前准备好的铅笔。

总是忘带学习用具，有时铅笔没带，有时没有橡皮，有时可能没有直尺或其他学习用具。开始写作业时，只能傻坐在那里，或东张西望，到处找同学借学习用具。

一节课只有40分钟，不能集中注意力，以缺铅笔或橡皮为由，做着各种耽误时间的小事，怎能取得好成绩？

白萱和小蕊两人住同一栋楼，关系特别好，平时一起上下学。白萱的学习成绩却不如小蕊，究其原因，并不是白萱比小蕊笨，而是因为白萱性格活跃，课上喜欢左顾右盼，不是跟同桌小声嘀咕，就是对前排的同学指指点点；只要教室里发出一点儿动静，她就要看，看到好笑的事情，就会跟同桌眉飞色舞地讨论一番。老师给白萱调过几次座位，开始效果还不错，可是很快她又能和同桌打成一片，继续在上课时与同桌说笑。

而小蕊上课的时候，听课很认真，从不东张西望，也从不在课堂上说闲话，成绩一直名列前茅。

这个例子中，白萱虽然聪明，却成绩平平，并非不是读书的料，只是上课喜欢做小动作，只顾着说话，忽视了老师讲课的内容，成绩自然就无法提高。

好奇心重的孩子，一般都很难做到集中精力、全神贯注、专心致志，也不会将自己的时间、精力和智慧都凝聚到所要做的事情上，更不能最大限度地发挥积极性、主动性和创造性，也就无法实现自己的学习目标。文中的白萱要想成绩有所提高，首先课上就要少些小动作，提高专注力。

一节课 45 分钟，在这段时间里，老师授课的规律是：先整顿课堂纪律，集中孩子的注意力 1～2 分钟；复习旧知识，3～5 分钟左右；教授重点内容，10～30 分钟；作业讨论时间，10～20 分钟。如果孩子能全程集中注意力，就不需要在课后花更多的时间去复习了，就能节省出时间拓宽知识面。

1. 难题症结与分析

孩子上课之所以会东张西望，主要有三个原因：

（1）与孩子的年龄有关。从生理上讲，孩子正处于身体快速成长的时期，骨骼和肌肉的耐力都较弱，同一个动作不易坚持时间过长；同时，他们的神经系统兴奋强于抑制，活泼好动、精力充沛。从心理上讲，他们年龄小，注意力不稳定、不持久，无意注意占优势，有意注意在发展之中。研究表明：7～10岁的孩子有意注意可以连续集中15～20分钟，11～12岁的孩子在25～30分钟，12岁以上的孩子在30分钟以上。如果孩子处于低年级阶段，意志较薄弱，学习目的性不明确，自制力较差，自然就无法将注意力长时间地集中于听课上，就会做一些与教学无关的小动作。

（2）孩子目标不明确。有的孩子学习目的不明确，无心上学，觉得学习是一种累赘。学习没有动力，就不会主动学习，在课堂上自然就会做小动作。

2. 让孩子管理学习用具

（1）每天晚上或早晨，收拾整理（督促他们收拾整理）自己的书包，保证铅笔、橡皮、直尺等学习用具的工作状态。

（2）每天准备3～5支铅笔，不用带太多，在铅笔不出问题的情况下，完全可以满足学校的作业量。对很多孩子来说，并不是铅笔越多越好。

（3）课堂上不要将铅笔或其他学习用具拿在手里，要将笔袋放在书包里，桌上只留一支铅笔和一块橡皮。否则桌面上的学习用具，易成为孩子的小玩具。

二、盯着老师，跟着老师的思路走

听课时，只有紧跟老师的节奏，抓住老师讲解中的关键词，才能构建自己的知识结构。老师讲到什么地方，孩子跟着老师的思路走，才能理解老师讲课的内容，掌握老师的思维过程。如此，才能提高知识水平，促进学习能力的提高。

现实中，总能看到这样的孩子：

学习基础差，跟不上老师讲课思路，干脆放弃不听；

基础比较好，认为老师讲的内容自己已经了解，不想跟着老师思路走；

……

可是，理解要经历一个过程，只要坚持下去，就能跟上老师的思路，中间出现停顿，后面就很难再跟上。学习的时候，只有紧跟老师的思路，才能提高课堂的学习效率。

预习、复习、作业等学习环节都是围绕听课展开的，能否保证学习过程的顺利进行，听课是关键。那么，在课堂上如何才能紧跟老师的思路，尽可能地吸收老师所讲的知识呢？

1. 抓住老师的提示语

讲课的时候，老师通常会使用一些提示用语，如："同学们请注意。""这个知识点，每年考试时都会出选择题。""我再重复一遍。""这个问题的关键是……"这些提示语都体现了老师的讲课思路，有利于把握课堂重点。因此，要想更好地把握重点，老师提示过的知识或题目，在书中或笔记本上要重点标出。

2. 有重点地听老师讲课

在预习时，就搞清楚重点和难点。当老师讲到自己预习时不懂的地方，让孩子加倍集中注意力听，边听边思考，看看老师是怎么分析这个问题的。听懂后，再回过头来分析自己当初是怎么想的，为什么当时没有想到。如此，课本上的重点和难点就能了然于心，做作业的效率自然也就提高了，考试也容易得高分。

3. 注意各种推导过程

数理化科目的公式较多，在课堂上讲解的时候，为了便于孩子理解和掌握，老师一般都会将整个公式的推导过程或归纳过程详细写一遍。这个过程要用到很多以往学过的知识，跟上老师的思路，随着推导过程思考，不但能够理解和记住新公式，还能把新旧知识联系起来。

4. 关注课堂提问

课堂上，老师一般都会提些问题，有的要求回答，有的则是自问自答。通常，课堂上的提问都是学习中的关键。要想提高课堂效率，就不能停留在问题的表面，要对老师提出的问题进行深入思考，记住老师的解题方法。

三、认真倾听老师的讲解和分析

何为主动学习？就是在听课的时候，脑子不断转动，思考自己该怎样运用老师讲授的知识、可能会遇到什么问题、自己该从何处着手等。也就是说，即使老师只讲了百分之十，自己也要主动思索，找到背后的百分之九十。抱着这种态度听课，不仅能掌握老师的授课内容，还能思考更多、收获更多。

主动学习的孩子，从来都不会埋怨老师讲得不好，只会担心自己思考得不够深入。抱着这种想法，听课自然就能更专心。

孩子学习最大的收获来源于课堂。课堂是公平的，上的课一样，做的作业一样，老师的讲解也一样，可考试成绩依然会出现巨大差别。可以说，在任何班级，排名在十名以外的孩子，都是以被动学习为主，只要主动学习，他们的成绩多半都能在短时间内有大幅度的提高。

主动学习，就是把老师看成是传递知识火炬的人，努力把火炬放进自己心里，让火焰照亮整个天空。只有上课专心听讲，课堂上才能得到最大的收获。对此，我们的建议是：

1. 改变对老师的看法

如果孩子不喜欢某位老师讲的课，应该告诉他：老师水平各不相同，但都会带给你知识和帮助；老师都希望孩子好，都在尽力教你们，他们每天都在为你付出。如此，才能改变孩子对老师的抵触情绪，让孩子愿意听课。

2. 训练长时间集中注意力

如果孩子无法长时间集中注意力，就应该有意识地对他们进行训练。建议让他们自己整理学过的知识，这个过程需要思考的深入，既能让孩子集中注意力，又能增强他们对知识的理解。

3. 不要只跟在老师后面走

父母应该给孩子讲清楚，学习要结合自己实际情况。如果觉得自己跟不上老师讲课的进度，就要提前预习；如果觉得老师讲得太慢，缺乏吸引力，就要主动思考。

4. 尊重他人的劳动

父母应该告诉孩子，任何劳动都应该受到尊重，老师讲课也是一种劳动，更要如此。如此，孩子才能学会尊重别人，仅从礼貌的角度上，也不好意思上课做小动作了。

5. 自己算一笔账

可以让孩子自己算一笔账：如果不认真听课，受损失的是谁？为了弥补课上的损失，课外要多付出多少努力？上课做小动作，不仅玩得不痛快，还会失去课外的娱乐时间。一旦孩子明白了这个道理，也就愿意专心听讲了。

6. 给父母讲课

如果孩子对老师的授课方式不满意，可以让孩子试着给父母讲同样的内容，让孩子感受传授知识的不容易，从而学会理解老师，懂得老师的付出，愿意专心听讲。

四、脑筋动起来，积极回答问题

在上课的时候，为了活跃课堂气氛，检查孩子们的听课情况，老师经常会提出一些问题，让学生回答。面对这种情况，有些孩子会主动发言，有些孩子则畏首畏尾，即使偶尔举手，说话也吞吞吐吐，说了上句忘了下句。

在课堂上积极回答老师的问题，不仅可以调动孩子的积极性，还可以帮助孩子更好地理解老师所讲的内容，更好地融入到课堂学习中去。根据调查，那些上课积极发言的孩子，通常都爱学习、爱思考，所以作为家长，一定要引导孩子养成上课积极发言的好习惯。

李女士的儿子今年8岁，上小学三年级，成绩中等。老师告诉李女士，孩子上课不喜欢举手回答问题，课堂表现很差，有时候老师点名叫他回答问题，他也不自信，声音细得像蚊子。

开始时，李女士以为是儿子上课没听懂，不会回答老师的问题。可通过观察发现，儿子的家庭作业完成得不错。李女士感到很纳闷：为什么儿子不喜欢举手回答问题呢？

有一天，李女士问儿子："既然会做，为什么不举手回答问题呢？"

儿子说："反正我会做，举手干吗？万一答错了，多丢人。"

李女士知道，儿子性格有些内向，但依然希望儿子在课堂上能够表现积极一点儿。

通常来说，孩子在课堂上不愿意主动举手回答问题，大致有以下几个原因：

有的孩子性格内向、胆小，平时不爱讲话，课堂上更不敢举手发言；

有的孩子自尊心太强，害怕答错了，老师会批评他，同学会笑话他，面子上挂不住，所以干脆不举手；

有的孩子不自信，对老师提出的问题没有十足的把握，所以不敢举手；

有的孩子认为反正自己知道答案，举不举手都没有关系；

有的孩子懒惰，老师提问后，不会主动思考，心想：反正老师等一会儿要讲答案。

懒得动脑，思维就会停滞，听课效果就会受影响。因此，要想听课效果好，就要让孩子积极动脑筋。

1. 让孩子积极思考

（1）如果孩子性格内向、胆小而不敢举手发言，要努力让孩子变得外向一点儿、胆大一点儿。比如，可以让孩子先在家人面前回答，如果孩子回答正确、表达从容，应给予掌声和赞扬；带孩子到亲朋好友家玩时，也可以鼓励孩子发言，慢慢再引导孩子在课堂上大胆发言。

（2）如果孩子自尊心强，害怕回答错误被笑话，家长可以告诉孩子，老师不会因为回答错了而批评他，不用担心被批评，因为老师很喜欢大胆举手发言的孩子。另外，平时在家里家长就要引导孩子表达看法，只要孩子积极发言就予以肯定，孩子说得不对，也千万不要嘲笑或批评他。

（3）如果孩子不自信而不敢举手发言，家长要培养孩子的自信心。平时在家里，家长要寻找一切机会肯定孩子、赞扬孩子。比如，跟孩子下棋，当孩子走出一步好棋或赢了一局时，可以夸奖孩子："你这步棋下得太好了，看似防守，实则进攻，太妙了。""你这盘棋下得真好，我挺佩服你的思路。"通过这种肯定和表扬，可以渐渐激发出孩子的自信心。

（4）如果孩子懒惰，不爱主动思考，认为反正老师会讲答案，家长要着重培养孩子主动思考的习惯。在平时的生活中，家长要有意识地启发孩子多思考，使孩子养成主动思考的习惯。

2. 鼓励孩子积极回答问题

要想让孩子积极回答问题，家长就要将回答问题的方法告诉孩子：

（1）审清题意。无论老师提的问题简单与否，要想将问题回答得准确，都要认真审清题意。有些孩子课堂回答不准确，不是对知识的理解存在问题，而是因为没有审清老师所提问题的题意。在审清题意的基础上，认真思考，确定回答的要点，才能完整而准确地答题。不愿深入思考，满足于一知半解，随便想想就开口回答，难免回答有误，或丢三落四、说不全面。

（2）选择方式。回答不同类型的提问，要采用不同的回答方式。比如，简答题，用简洁明了的语言回答即可；分析题，要作具体的分析和阐述；描述题，回答时要生动一些、形象一些；实验题，先要动手实验，得到结果后再回答；计算题，不仅要有条理，还要重视推理过程；证明题，不仅逻辑性要强，而且证明过程的每一步，理由都要充分。

（3）清楚表达。表达要清楚的具体要求是：

准确完整。回答问题时，要明确问题，用词准确，判断推理要合乎逻辑，语言表达要清楚完整，不带口头禅、不说病句、不令人费解、不遗漏、不重复。

连贯清晰。回答问题时，要前后连贯、条理清晰、咬字清楚，不东拉西扯、不颠三倒四、不自相矛盾，使人听得明白。

声音洪亮。回答问题时，要把表达的内容一个字、一个词、一句话地传达出去。不敢大胆回答问题，声音很小，他人就无法听清，必然会影响意思的表达。

（4）态度认真。课堂上回答问题时，态度要积极认真，不能马虎应付，不能信口开河。要讲究礼貌，回答问题要起立，想发言先举手。

五、主动参与课堂讨论，不要做个"闷葫芦"

在学校里有一个很普遍的现象：低年级的孩子，课堂上会积极踊跃地回答老师的问题，即使回答错了，也不会害怕。但当孩子升到高年级，就不愿意在课堂上表达自己的观点了，一旦遇到老师提问，几乎所有人都会将头低下，默默不出声，唯恐老师叫到自己。为何孩子们会患上"讨论恐惧症"？

课堂是训练孩子表达能力的最佳阵地。积极发言，大胆表述自己的观点，不仅是勤学善思的表现，更是孩子与人交流的一种方式，有助于培养孩子的语言、应变、思维等能力。

1. 上课主动参与课堂讨论的重要性

（1）培养好心态。试问，如果孩子胸无斗志、不积极、缺乏向上精神，怎能把事情做到最好？其实，孩子主动参与课堂讨论并不是单纯为了发言，而是为了深入思考，锻炼思维，养成积极向上的心态。参与与否，其学习效果是迥然不同的。当然，这需要积累一段时间才能显现出来。

（2）锻炼逻辑思维能力。语言的组织与表达能力，能对学习起到间接的促进作用，且这种作用还是广泛而深刻的。学习一种知识，明白是一回事，能否把对它的理解用语言有条理地表达出来则是另一回事，而后者是一种更高的境界。

（3）学习更扎实。在课堂上，能否主动参与课堂讨论，是孩子对知识点的学习是否能达到深入、透彻的表现。看似一个微不足道的参与细节，却包含着对旧知识的灵活运用、对新知识的积极探索，以及对大脑的积极运用。

2. 主动参与课堂讨论的策略

要想鼓励孩子参与课堂讨论，可以从以下几个方面做起：

（1）鼓励孩子大胆地说。在传统教学中，孩子的课堂表达通常会受到较多限制，既要受到老师标准答案的限制，又要受到表达方面的要求。比如：声音必须响亮，口齿清楚、利落等，如果孩子的语言不合要求，还易招致同学的嘲笑。要摆脱这种状况，就要紧跟老师，主动参与课堂讨论。

首先，老师通常会抽出 5～10 分钟，跟孩子聊天，让孩子轮流发言，说一说最近的新闻、新鲜事，或介绍一本好书，或说心得体会等，孩子参与这种交流，就能逐渐养成爱发言的习惯，树立信心，使演说、发言的能力得到锻炼。

其次，对问题有见解时，既可以站着说，也可以坐着说，还可以适当讨论。这样做，似乎会扰乱课堂教学秩序，但孩子的注意力却会集中在问题上。这种"乱"，其实是积极发言的表现。

（2）引导孩子参与小组合作学习。为了让孩子发挥主动性，要鼓励孩子合作学习，把问题交给孩子，让他多在小组中讨论。

小组合作学习形式分为多种，比如：同桌学习、小组学习和大组讨论。可以让孩子根据自己的知识水平、性格特点、爱好等来选择同学，组成小组。合作学习时，让孩子在自己的小组里自由地发表见解。在多向交流和自由轻松的氛围里，孩子就能卸去思想包袱，还原本性，大胆地在课堂上讨论。

（3）让孩子大胆提问，提高"说"的质量。不能满足于形式上的热闹，要狠抓"说"的质量，即见解要有所创新，有独特性。要鼓励孩子大胆地从不同的角度去思考、发表意见，不能人云亦云，鼓励孩子说："我还有想法……""我还有补充……""我赞同×××同学的意见，但我又认为……""我有更好的想法……"等。

第12章
读书方法：
正确笔记，有效辅助

一、读书笔记的"七大招式"和"三大方法"

记忆,是积累知识的重要方法之一,但不能完全迷信记忆。在阅读书籍或文章时,遇到值得记录的内容,可将自己的心得、体会记录下来,这就是读书笔记。

古人有条著名的读书治学经验,叫作"读书要做到:眼到、口到、心到、手到"。这里的"手到"就是读书笔记。对学生来说,读书笔记是强化记忆、加深文章理解的重要方式。

俗话说:"好记性不如烂笔头。"所以,俄国文学家托尔斯泰要求自己:"身边永远带着铅笔和笔记本,读书和谈话的时候碰到一切美妙的地方和话语都把它记下来。记下重要的知识如有不懂可以再看一下。"学生写读书笔记更是积累的过程,只有积累了更多的字词句,才能写出美妙的篇章。

1. 读书笔记的七大招式

(1)摘录式。这种方式可以积累词语和句子,具体方式是:摘录优美的词语,精彩的句子、段落,供日后熟读、背诵和运用。

(2)评论式。具体方式是对书中的人物、事件等进行评论,肯定其思想艺术价值。可以将评论内容分为书名、主要内容、评论意见。

(3)心得式。具体方式是记下书中哪些内容自己印象最深刻,联系实际写出自己的感受。

(4)提纲式。这种方式的读书笔记可以记住书的主要内容,具体方式是编写内容提纲，明确主要和次要的内容。

（5）广告存疑式。具体方式是记录书中遇到的疑难问题，边读边记，然后再分别进行询问请教，直到弄懂。

（6）简缩式。这种读书笔记可以记住故事梗概，具体方式是学了一篇文章后，抓住主要内容，缩写成短文。

（7）仿写式。为了做到学以致用，可以将摘录的精彩句子和段落进行仿写，学会运用。

2. 读书笔记的三大方法

（1）一元笔记法。这种方法是最灵活易坚持的方法，在一个笔记本里，可以记录任何与书有关的信息。例如：首先摘记从报纸书评和杂志报道上看到的书，再列出购书清单，到书店指定购买；其次，读书后做好读书笔记，然后输出书评或感想；最后通过重读，灵活运用知识。

（2）思维导图法。整理出一本书（或一科）的逻辑脉络，找到其与过去所读的书或所学科目的联系。用自己的语言，对作者的思维框架进行整理，画出思维导图，从整体上把握一本书（或一科）的内容。

（3）勾画旁批法。在读书的过程中，直接将打动内心的句子勾画出来，并在留白处进行备注旁批，记录下自己当时的心得体会。

二、这样做笔记，学习效率才高

课堂笔记不是课堂实录，应该是课堂学习过程的高度提炼，更不是关于课堂发生事件的流水账，而是有选择地对重点、难点、考点提出的分析、体会和见解，是对课堂上出现的精彩解题思路、妙招的拆解分析的记录。

俗话说："好记性不如烂笔头。""眼过千遍，不如手过一遍！"要想提高课堂效率，把重要内容记得更牢固，就要做好课堂笔记。因为通过书写做笔记，孩子就能准确地把本节课的知识要点输入到大脑，延长在大脑里的存贮时间，不至于很快就忘掉。

1. 做笔记的好处

做笔记的好处主要体现为：

（1）有助于孩子理解要点、难点和考点。及时把自己"灵光乍现"的思考感悟记下来，长此以往，孩子的思维就会变得非常活跃，达到"一点就通"的境界。灵感转瞬即逝，不及时记下来，会消失殆尽，无法重新找回。

（2）有助于解题、答题经验的积累。将课堂上呈现出来的小技巧、小妙招、小窍门、新思路，及时记录下来，久而久之，就会转化为解题和答题经验。今后再遇到类似题目，孩子就能不假思索地给出答案，或迅速理清解题思路，制定出解题方案。

（3）课堂上做笔记，有助于集中注意力。如果上课只是靠听，使用单一器官学习，很容易感到疲劳，注意力不集中。动手做笔记，能提高孩子的专注力。

（4）提高学习效率。打个比喻，使用单一器官学习，能取得20%的效率，同时使用两种器官做笔记，效率之和不是40%，而是50%，就能产生1+1>2的效应。

（5）提高总结归纳能力。做笔记不是照原样记录，需要用自己的想法进行总结归纳，时间长了，自然就能提高孩子的总结归纳能力。

（6）做笔记方便复习和巩固知识。做好笔记，想要温习的时候，就能直接翻出来看看，把学过的知识温习一遍，巩固所学知识，防止遗忘。

2. 课堂笔记怎么记

记录课堂笔记，要侧重以下几方面：

（1）用双色笔记。要用不同的颜色，表明笔记的不同性质。比如，用黑色笔记录一般的内容，用红色笔记录特别重要的内容。再如：文言词语的翻译，用黑色笔记录课本中有注释的，用红色笔记录老师补充的注释；用黑色笔记录具体答案，用红色笔记录解题思路。具体怎样处理，可以让孩子自己设定。

（2）摘录关键词。做笔记，首先要听完老师的话，或看完幻灯片上的所有内容，然后提炼出关键词并进行记录，最后再用自己的语言把关键词内容补充完整。如此，既能把笔记补充完整，更能锻炼孩子的归纳能力。

（3）不能记得太满。笔记的位置，可以留得大些。记一行空一行也行，空的地方可以补充新内容，即使没内容补充，这样的笔记看起来也更省心力。

三、笔记内容

笔记不仅仅是一个复习工具，在做笔记的过程中，也是考察孩子逻辑思维能力的过程。

好的笔记，条理清晰，页面整洁，有利于孩子课后复习。

长期做笔记，能够帮助孩子训练思考过程，养成终身受益的好习惯。

笔记记得好，还能帮助孩子激发学习兴趣，他越喜欢自己的笔记，就会越喜欢学习。

对于不同的学科，要采用不同方法来做笔记。例如，数学概念和定理，书上都有解释，且内容完整、语句严谨，科学性与逻辑性都很强，因此不必记。要重点记录老师对概念的解释、易错处及解题技巧等。

1. 记什么

做笔记的时候，需要记录的内容主要有：

（1）记总结。老师在课后一般都会做总结，是课程内容的浓缩，要找出重点及各部分之间的联系，掌握基本概念、公式、定理，才能将课堂内容融会贯通。

（2）老师补充的内容。课堂上，老师会对课本内容进行补充，要将这些内容记录下来，比如前后知识的连接、规律的归纳等。

（3）结合课堂内容自己需要加强的部分。遇到自己不懂或不明白的地方，要重点做好标记，以便课下及时复习和巩固。

（4）老师列的提纲。不可能也没必要把老师所讲的内容一字不落地记下，只要记下老师列出的提纲即可。

（5）记方法。老师讲课都会介绍一些解题技巧、思路及方法，要将这些记录下来，以便举一反三。

（6）老师强调的重点。课堂中的重点都是需要孩子重点掌握的，这些内容需要重点记录。

（7）记疑点。如果对课堂上讲的内容有疑问，就要及时记下，以便课后解决。

2. 记在哪里

笔记是记在课本上，还是记在专门的笔记本上？比如，语文笔记，两个地方都可以记。至于具体记在哪里，要看记什么内容。如果是跟具体课文内容有关的笔记，就记在书本上。比如，文言文词语的翻译，可以直接记在原文旁边；再如，段落大意直接记在段落的分层处，可以省去很多时间，复习时也直观。

哪些内容适合记在笔记本上呢？通用性的知识，比如散文特点、记叙文的写作步骤、辨别实词的词义、具体题型的解题思路等，最好记在笔记本上。

总之，跟课文内容相关的，随课文记在书上；通用性的知识，记在笔记本上。

四、整理笔记"七步法"

上课内容都一样，为什么人家的孩子总是记得整洁又快速，笔记还很清晰？关键在于孩子有没有掌握做笔记的方法。真正的笔记，是指经过认真思考和判断，将真正有意义的内容记下来，然后再进行翻阅整理，修订补充，节省复习时间。

很多孩子做笔记的时候，经常会遇到这样一个问题：老师上课，说话比孙悟空翻筋斗还快，根本来不及将笔记记全。下课一翻，笔记零零散散，东一句，西一句，一点儿都不完整。

一堂课40分钟，孩子再努力做笔记，尽可能地抄写，也跟不上老师的速度。这是因为，按照一个人的正常语速，一分钟大概能说200个字，如果语速快点儿，差不多能说300个字。但一个人的写字速度呢？多数人一分钟只能写40个字左右，书写的速度远比不上说话的速度。

漏抄笔记的原因主要有哪些？如果孩子对老师要讲的课程内容完全没概念，就要花更多力气才能了解老师所说的内容，还不容易掌握重点，更可能遗漏笔记。如果听课的时候不专心，心有旁骛，等回过神来时，可能连老师在说什么都听不懂了，笔记内容自然也就一片空白了。

记住：做笔记并不是要把老师所说的每句话、每个字都全数抄录下来。要会抄笔记，记录重点，该抄的抄，不该抄的别抄。笔记的整理，要学会使用"七步法"。

第一步，及时回忆。抓紧时间，对照书本和笔记，及时回忆有关的信息，实在回忆不起来，可以借同学的笔记参看一下。这是整理笔记的重要前提。

第二步，补充课堂笔记。课上孩子都是跟着老师讲课的速度进行，而老师的讲课速度一般都比记录的速度快，因此笔记上很容易出现缺漏、跳跃、省略甚至符号代文字等情况。在回忆的基础上，将笔记做好补充，才能保证笔记的完整。

第三步，仔细审阅笔记。检查笔记的时候，要对错字、错句及其他不够确切的地方进行修改。尤其是要注意与课后练习、与教学（学习）目的有关的内容，提高笔记的准确性。

第四步，统一编号。使用统一的序号，对笔记内容进行提纲式、逻辑性的排列，注明号码，梳理好笔记的先后顺序，提高笔记的条理性。

第五步，用不同符号表示不同内容。对于不同的内容，要用不同的文字、符号或代号来表示。比如，语文可以分为字词类、作家与作品类、作品（课文）分析类、问题质疑和探讨类、课后练习题解答等，提高笔记的系统性。

第六步，不要任何内容都记录，要将无关紧要的笔记内容舍弃，提高笔记的简明性。

第七步，分类抄录笔记。遇到同类知识，可以抄写在同一个笔记本或笔记的同一部分里，也可以用卡片的方式进行分类抄录，整理成一个资料库。日后复习的时候，就能按需而取，纲目清晰，快捷好用。

五、用"5r笔记法"，孩子学习成绩提升快

伊文是个很聪明的孩子，在小学的时候成绩就非常拔尖。升入初中后，伊文觉得，初中知识也不比小学知识难很多，不用做笔记，只要上课认真听一下就能考出好成绩。结果，第一次期中考试，伊文成绩不太理想。父母很着急，问他是如何学习的。这才知道，他上课从来不做笔记，即使老师让做，他也不知道该如何做。

做笔记是一门学问，学生时代除了考试和课本，还有笔记伴随着孩子。只有上课做笔记、下课复习笔记、考试前重温笔记，不停地翻看笔记，才能将知识融入自己的大脑，为自己所用。

为了让孩子学会科学有效地做笔记，可以使用"5r笔记法"。

1. "5r 笔记法"的定义

"5r 笔记法"也叫作康奈尔笔记法,源于康奈尔大学,因此得名。这是一种最快速最高效的笔记法,具体步骤包括:记录、简化、背诵、思考和复习五步,英文表达就是"record、reduce、recite、reflect 和 review",因此被称为"5r 笔记法"。首先,将笔记区域分成三部分:

(1)右边的空间是做笔记的地方,按照平时的习惯随心记录即可。

(2)中间靠左的地方,画一条竖线,左边的部分叫作线索栏,上课做笔记的时候,可以写关键词或快速记忆的知识点以及重难点。

(3)下面部分是用来做总结的,可以用一句话对这页笔记的所有内容进行总结。

2. "5r 笔记法"的具体步骤

(1)做记录。首先,将笔记本的一页分为左小右大两部分,右边写具体笔记,左边写概括总结。上课听讲或阅读的过程中,将内容记录在右边,将背景要点以及书的页码等记在左边。

(2)简单化。孩子课上做笔记,一般都很快速紧张,笔记也非常潦草,需要在课后对上课所做的笔记进行美化和简化,才能知道自己当时写的是什么。忽视了这一步,课堂笔记做得再多,复习的时候,也找不到重点。

(3)背下来。这里并不是让孩子像背古诗、单词、口诀那样把记过的笔记都一字不落地背下来,而是让孩子记住自己做的笔记,抽背的时候,将右边的地方盖住,只看左边的提示,尽量把右边的内容复述出来。

(4)多思考。要及时思考课上教授的知识,然后加以反馈。要将记录的提示、重点、概括等,进行详细的整理,以便一边思考一边复习。

（5）多复习。学习是一个循序渐进的过程，孩子不仅需要在课上思考，还需要课下的复习，因此要让孩子每周花至少半小时的时间对笔记进行复习。先看右边的主要内容，再看左边的提示及要点，不断地复习，学过的知识才能逐渐变成长期记忆，不会遗忘，在孩子的脑海里形成深刻印象，即使考前没复习，考试中遇到类似的题目也能很快想起来。

3. 使用"5r笔记法"需注意的细节

课堂上，孩子一边听讲一边做笔记，记得可能会非常杂乱和烦琐，课后复习起来就不会太方便，不利于学习。为了巩固学习效果，积累复习笔记，就要注意"5r笔记法"的小细节。

（1）回忆和补缺。首先，要让孩子抓紧课间，趁热打铁，及时翻看课件和书本，回忆课上的知识，为笔记整理打好基础。然后，让孩子及时查看笔记，看看哪里有欠缺、省略或空白，在回忆的基础上对笔记做好整理和修补，保证笔记更完整。

（2）分类和整理。做分类的时候，可以用不同颜色的笔对同类笔记进行分类，比如，英语上，哪些是动词、哪些是名词；语文上，哪些是重点词语、哪些是认读词语。整理是笔记的最后一步，完成分类后，要让孩子将笔记做个大致的整理，将同类知识摘抄到一起，便于日后复习。

六、学会做读书笔记

读书时，做读书笔记的好处显而易见。

在阅读过程中，孩子们不可能把所有的重要知识全部记住，做读书笔记，就是将自认为重要的地方、将自己所想到的内容记下来，以便日后随时查阅。如果能够用自己的话把书上的内容叙述出来，印象就更深刻了。

明朝时期，李时珍为了完成《本草纲目》，不仅刻苦攻读了《内经》《伤寒论》《本草经》等医学书籍，在近30年的时间里还阅读了800多本书，一边读，一边做笔记，共写了几百万字的笔记，装了好几柜。之后，他将笔记连同搜集的药方和医案进行了整理和检查，最终写成了举世闻名的《本草纲目》。

这本书共有190万字，配有1000多幅插图，就是建立在他的读书笔记基础上的。笔记的作用由此可见一斑。

如果你的孩子正在读小学高年级或初中，一定要重视这个现象：原本语文成绩一直都挺稳定，总是在班里前几名，到小学高年级或上初中后，一下子就跌到了全班中下层，试过不少办法，投入了很多精力和时间，却还是收效甚微。

这个时期的语文对学生的文字基本功要求更扎实、更细致，如果孩子从小没有养成做读书笔记的习惯，即使买了很多课外读本，孩子也会语感不强、优美词句积累甚少。

当然，做读书笔记，有以下几点需要注意：

1. 及时记录

读书时，只要是自己觉得重要的内容，就要拿笔记下。如果阅读过程中自己受到某些启发，即使是一点点，也应该及时记在笔记本上。

2. 读懂后再做

做读书笔记并不是简单地照抄，即使是摘录，也应有所选择。只有搞明白了自己所读的内容，才能把最有价值的、自己感兴趣的内容记在笔记本上。

3. 分类做笔记

语文内容单独用一个笔记本，数学内容用另一个笔记本，有利于日后查找。即使是语文读书笔记，也可以细分成摘抄和心得体会等。

4. 写下读书体会

将读书体会写出来，不仅可以让孩子用心理解读到的内容，还能够锻炼孩子的文字表达能力。

5. 文字要简明

遇到觉得最有价值、最感兴趣的部分，要让孩子简单记下来，便于以后查看。

6. 经常翻阅和整理

读书笔记并不是做了就完事，要时常浏览，有了新想法，还要及时更新补充。最好是每隔一段时间就将笔记上的内容重新整理一遍。

第13章
读书方法：
不要忽视了作业、复习和考试

一、认真做作业，查漏补缺

让孩子自觉、认真、主动、高效地完成作业，可能是很多家长的最大心愿了。下面这些问题，相信很多人都不陌生：

情景一：

孩子放学后回到家，第一件事就是打开书包，拿出书本，然后埋头开始做作业。看到孩子如此认真，家长觉得美滋滋的，心里禁不住还会给孩子点一个大赞。

情景二：

孩子放学回到家，想玩一会儿，家长立刻喝住，并唠叨起来，觉得应该先做作业再玩。孩子非常不高兴，但也只能被迫趴在桌上写作业。

其实，孩子在学校闷头学习了一天，即使是学习成绩不好的孩子，神经也紧张了一天。放学后他们需要补充能量，需要让大脑放松下来，就算在大人的强迫下写作业，效率也非常低。那么，如何才能让孩子快乐且高效地做作业呢？

1. 放学回来先吃水果

在学校学习了一天，大脑累了，肚子饿了，最好先吃点儿水果休息一下，为身体补充一下葡萄糖。休息15～20分钟，大脑有了能量，然后再去写作业，作业的效率和质量都会提高很多。

2. 晚饭前做作业

晚饭后写作业，不利于提高作业效率。因为，为了将吃到胃里的食物消化掉，多数血液都流到了胃部，大脑就会供血不足。尤其是食量大、吃大鱼大肉的孩子，这时候做作业，不仅无法集中注意力，效率也很低，因此，最好在晚饭前写作业。如果做不到这一点，吃晚饭后就要多休息一会儿再做作业。

3. 先做作业，再做其他事

孩子们都有自己喜欢的业余活动，比如：看动画片、玩游戏、做体育活动。如果孩子喜欢看电视，要告诉他做完作业后才能看，并养成习惯。为了督促孩子，可以跟孩子达成协议，写在纸上，签上名字，贴在门上，让孩子每天遵守。

4. 做一会儿、玩一会儿

孩子用心做作业时，大脑神经系统会高速运转，十几分钟后，大脑的葡萄糖就供应不足了。不主动停止工作，大脑就会形成压力，为了转移压力，大脑就会指使孩子去玩。此时，不是孩子想玩，而是大脑让孩子玩。因此，在孩子写了一项作业时，就要让他玩一会儿，让他的身体动起来。

5. 做作业时播放古典音乐

边听古典音乐，边做作业，可以提高注意力，缓解疲劳，延长做作业的时间，还能提高作业效率。

当然，如果条件允许，可以单独给孩子设置一个书房。如果孩子的书房和睡房合在一起，就把书房和睡房用木板隔起来，彼此独立。书房可以按照孩子的喜好装饰一下，并告诉孩子，只有做作业的时候才能用书房，作业做完要立即离开。如果想玩，必须到大厅去，不要在书房。原因在于，如果孩子养成了在书房玩的习惯，只要一进书房，大脑神经系统就会自动进入玩的状态，抑制大脑的学习神经系统。

二、回忆上课内容，梳理知识点

多数孩子都不可能在课堂上将一天所学的知识都掌握了，因此课后复习非常必要。只有通过复习，孩子才能对所学知识进行更深的理解和掌握，为当天的作业扫除障碍。做作业虽然也是为了复习，但不能与复习画等号，真正的复习应在做作业之前。

及时复习是一种积极主动的活动，需要高度集中注意力，抓住黄金5分钟，像"过电影"一样及时进行课后回忆。将老师讲的内容在头脑中"重映"一遍，如果回忆顺利，证明听课效果很好，反之就应寻找原因，改进方法。

尝试回忆就是独立把老师上课的内容回想一遍，可以按照教师板书的提纲和要领进行，也可以按教材纲目结构进行，从重点内容到例题的细节，循序渐进地进行复习、思考，今天老师主要讲了几个问题、哪些已经弄懂了、哪些不懂、哪些不完全懂等。这种方法简单易行，且效果不错。

1. 尝试回忆的好处

尝试回忆，可以给孩子带来以下几个好处：

（1）及时检查当天的听课效果。如果孩子能够独立回忆出全部或大部分内容，就说明他的预习和听讲效果是好的，在领会的基础上将知识记住了；如果回想不起来，就要及时查找原因，改进预习和听讲方法。

（2）提高记忆力，改善记忆效果。每回想一次，都需要把头脑中"贮存"的知识"提取"一次，把知识强化巩固一遍，如此就能提高记忆力。回想是一种积极的复习方法。

（3）增强看书和整理笔记的针对性。如果回忆不起来，就要立刻翻书查笔记，将回想不起来的部分作为看书和整理笔记的重点。如此不仅能提高读书和整理笔记的积极性，还能增强看书和整理笔记的针对性。

（4）养成动脑思考的习惯。课后复习时直接看书，要比尝试回忆省事，但不容易留下深刻的印象，效果也不高。回忆，要经历一个追寻思索的过程，一旦想不起来时，就要努力寻找回忆的线索，很费脑筋。经常尝试回忆，不仅增强记忆力，还能逐渐养成好动脑筋的习惯。

2. 如何进行尝试回忆

要想让孩子从整体上把握知识和方法，就要对课堂内容进行回顾和梳理，具体方法如下：

（1）回忆课堂内容。在复习前，不要急着去看书，让孩子先沉下心回忆一下老师在课堂上所讲的知识。比如，今天都讲了哪些问题和重点。老师是如何分析和解决重难点的，哪些问题是自己还没弄懂或一知半解的。如果孩子能回忆出全部或大部分内容，就说明听课效率还不错；反之，就要反思听课效率了。

（2）边回忆边对照课本。回忆完课堂上老师所讲的问题后，接着就要回忆出那些问题的答案。这时候，一边回忆答案，一边对照课本，不仅能抓住重点，还能巩固关键内容。对照课本时，不要只是粗略地看一遍，要找出侧重点。对于能够回忆出来的答案，看一遍即可；而回忆不出来或印象模糊的，则需要多研读。

三、做好复习，提高效率

课后复习是学习的重要环节，是与遗忘斗争的有力武器。著名心理学家艾宾浩斯对遗忘现象研究发现，人们对学到的新知识，一小时后只能保留44%，两天后只能留下28%，6天后只剩下25%。这些数据表明，知识刚学过之后，遗忘速度特别快，经过一段时间后，虽然记忆保留的量减少了，但遗忘的速度却放慢了。

这就告诉我们，遗忘的规律是：先快后慢，先多后少。新学的知识在两三天后遗忘最多，时间久了，再复习要花很多功夫，因此必须及时复习。学过新知识后，要趁热打铁，抓紧时间及时复习、巩固，才能不断强化已经建立起来的神经联系。因此，当天课上学过的新知识，课后还要及时复习，决不能只把老师布置的作业做完就了事，应多看看书，厘清知识的脉络，该背的要背，该写的要写，该想的要想。

课后复习是对一节课内容的回顾，可以起到归纳总结的作用；及时复习，还能及时弥补知识的漏洞，使对知识的理解得到升华，实现对知识的再认识，提高思维的深刻性。

那么，家长该如何引导孩子做好课后复习呢？

1. 复读教材

将教材中的重点概念和基础知识，从头到尾地研读一下，尤其是粗黑字体印刷的内容，更要熟读记忆。能够回忆起来的部分，大致看看就可以了；回忆不起来的部分，就是研读的重点，一定要多下功夫。同时，对照课堂笔记，不仅能加深记忆，还能保证知识的完整性。

2. 整理课堂笔记

课堂笔记是课程重点的记录，不能记过就扔在一边，要把它整理成可用的复习材料。要结合教材整理课堂笔记，补充漏记的、不完整的、不准确的，如果课堂记录本比较零乱，要重新组织，使之条理化。总之，课堂笔记要做到内容简洁、条理清楚、中心突出。

3. 梳理知识

首先，将新知识归纳形成一个小系统，让知识各就各位；然后，纳入知识大系统中，形成一个知识网络或知识坐标。

4. 做到"五到"

"五到"是提高复习效率、增强记忆能力的关键，复习的时候，一定要养成全身心投入的习惯，做到眼到、手到、口到、耳到、心到。研究表明，光看只能获取知识的20%，光听只能获取知识的15%，将眼耳手脑心同时并用，则可获取知识的50%。

5. 固定时间复习固定内容

资料表明：一个人在固定时间做某类事情，能够获得最佳的生理和心理效果，将这一规律运用到复习上，就是要养成固定时间内复习固定内容的习惯。比如：早上和晚上8～9点钟，记忆力最强，可以安排复习英语、语文、政治和历史；下午演算和抽象思维能力较强，可以安排复习数理化三科。一旦养成习惯，一到这个时间，心理上就会做好准备，复习效率自然就能提高。

6. 经常复习，先密后疏

刚学过的知识遗忘得又快又多，复习次数要相对多一些，间隔时间也要相对短一些，即经常复习。随着记忆巩固程度的加深，每次复习的间隔时间也可以逐渐加长。

四、正确应对单元测试和阶段考试

临近考试的时候，总能听到家长这样的声音：

家长A说："我儿子平时学习挺努力的，但一到考试，他就说压力大。我这个做家长的，真想为他做些什么。"

家长B说："我家的孩子也是这样，一到考试就紧张。我是看在眼里，疼在心里，不知道该为孩子做些什么。"

家长C说："孩子考试压力大，我的压力也不小，如何才能让孩子轻松一些呢？"

考试，是对孩子过去一段时间内学习效果的检测，如果不会合理调整自己的心态，没有掌握科学的应考方法，在各种考试中就无法做到自如应对，影响自己实际水平的发挥。

很多孩子都会有这样的情况：平时学习很好，勤奋认真，老师布置的作业也都能按时高质量完成。可是，一到考试的时候就失常了，一进到考场就稀里糊涂、心慌意乱。孩子害怕考试，一考试就紧张、烦躁，注意力无法集中、手心不停出汗、考前失眠……自然也就无法取得理想的考试成绩。

按照现有的教育体制，不考试是不可能的，如何才能让孩子消除怯场和紧张呢？

1. 孩子考试紧张的原因

要解决孩子怯场的问题，首先要知道究竟是什么导致孩子过度紧张和怯场的。

（1）孩子自身的问题。有些孩子无论平时表现好坏，都担心考试的时候考不好，担心没法向父母、老师交代，担心同学会用异样的眼光看他；有些孩子偏科严重，对弱科会很担心，容易出现怯场；有些孩子考前熬夜，破坏了正常的睡眠习惯，第二天考试注意力无法集中；有些孩子性格内向，容易受到周围环境的影响，也会出现怯场。

（2）父母给孩子的压力过大。有些父母对孩子的期望过高，心态比较急切，给孩子造成了很大的压力。如此，孩子考试的时候就会胡思乱想，害怕辜负了父母的期望，又紧张又害怕，从而出现怯场现象。

（3）社会和学校的影响。现在的社会和学校都强调"以学习成绩为准"，尤其是学校氛围更强烈，成绩就代表着一切。同时，老师也会运用各种方法让孩子学习，考试前甚至还会制造紧张气氛，使得本就压力大的孩子压力更大，感到特别紧张。

2. 如何应对考试

要想考出好成绩，就要让孩子这样做：

（1）摆正心态。要想取得好成绩，首先要摆正心态，心态不好会影响孩子的临场发挥。考前的正确心理应该为，既充满信心地相信自己，又能接受自己考砸了的可能。

考前，可以让孩子给自己一个心理暗示："我会尽力而为，考好了，是对我努力的一种回报；考不好，我也问心无愧。"如此，孩子就能重视过程，轻视结果，以一种自信从容的心态面对考试，放下心理包袱，发挥出自己的最好水平。

考试结果不是孩子能控制的，过多地考虑结果，势必会带来更多的焦虑情绪，影响考场发挥。

（2）正确应对考试的方法如下：

考试前一天，不要让孩子过度放松，尤其是不要用疯狂的方式释放压力，适度的压力是对考试有益的。更不能挑灯夜战，否则会影响休息，不利于第二天考试。可以适度翻翻书，但不要思考过于复杂的试题，最好对第二天要考的科目理出一个框架，使知识系统化。

考试前一天晚上，将考试用具收拾齐备，放在显眼的地方，以便第二天携带。第二天整理的话，时间有限，行色匆匆，很容易出现差错，一旦出现差错，就会使原有的紧张感变得更加紧张，继而对考试带来负面影响。

考试前，要努力调节紧张情绪，尽快转到专心致志的考试状态。方法有三：一是抬头挺胸深呼吸，使头脑清醒，减轻紧张情绪。二是心理暗示，告诉自己："我很放松，一点儿也不紧张，不就是一次考试吗？"缓解紧张情绪。三是转移注意力，心情紧张时可以放眼窗外，忽视考场内的紧张气氛，也可以小声哼唱一首喜欢的歌曲。

考试中，不管以前做过多少练习题，也不管练习题和考题多么相像，都要一字一句地认真研读，吃透题目要求。不要一看题目做过，就立刻下笔书写，若因为审题不清而做错，后悔就晚了。同时，要按照从前到后的顺序做题，如果出现难题或思维卡壳，可以直接跳过去做下一题，等到其他题目都做完了，再回头思考这些"难题"。

做完试卷后，不要急着交卷，因为考试要的是成绩，不是速度。做完试卷后，要认真检查，关键点如下：姓名、考号、学校和班级是否写全，是否书写正确；能否将卷面处理得更整洁和美观；看看书写中有没有出现错别字，语句表达是否清楚明了；看看自己做题的过程和方法是否符合题目要求；验看答案是否正确。

交卷后，不要急着找同学和老师咨询答案，除非到了最后一场考试结束。同学的答案不一定就是正确的，咨询纯属浪费时间。找老师咨询答案更不好，知道自己做错了，孩子就会出现情绪沮丧、低落等问题，严重影响下面的考试。走出考场后，要远离他人，尽快做好下一场考试的准备工作。

五、将试卷充分利用起来

仔细观察优秀生的学习规律，会发现其中一条就是合理利用试卷。因为试卷上的考题都是围绕课堂重点和难点设置的，仔细分析这些试卷，就能发现没有掌握的部分。

将试卷整理起来，制作一个试卷库，没事的时候拿出来翻翻，不仅能复习重点知识，还能发现自己的错误之处，争取下次不再犯。

1. 分析试卷的好处

认真分析考后试卷，孩子可以获得以下几个方面的收获：

（1）学习方法和习惯的调整。考试不仅是考查孩子对知识的掌握情况，也能检验孩子学习方法的优劣与应试能力的强弱。考试中，很多孩子都会暴露出粗心、方法不对、不会审题、检查不细等问题，弥补这些不足对后面的学习至关重要。考试时，要端正心态，不能只关注分数，要找到适合自己的学习方法，养成良好的思维习惯，逐步提高应试能力。

（2）知识上的查漏补缺。认真分析试卷，可以帮孩子找到学习上的薄弱环节，及时采取有效措施，让知识的吸收全面化、系统化和有效化。在试卷分析过程中，将正确答案和错误答案相比较，孩子就能发现自己掌握不牢的知识点。要想巩固这些知识点，孩子就要复习好课本上的基础知识，还要做好对知识的深入理解。

（3）看看努力和收获是否成正比。一般来说，只要孩子平时努力学习，考前认真复习，都会取得理想的成绩，但也有例外：有的孩子成绩较高，可能是靠投机取巧或吃老本得到的分数；有的孩子明显比前期努力，但成绩依然不理想，这时，就要鼓励孩子树立信心，继续努力，慢慢储备知识，做到厚积薄发。

（4）正确对比，增强学习的信心。对比，既要找到孩子的不足，也要发现亮点。最简单的就是纵向比较，拿本次考试成绩与上次考试成绩相比较，看是否比上次有进步。不仅要比总成绩，更要比细节，具体到每科，细化到每科的知识点。还可以进行横向比较，拿自己的成绩跟班级、年级各档次分数线比。

2. 试卷分析的要点

要想做好试卷分析，就要关注以下几点：

（1）做好错题思路分析。要让孩子从每一道错题入手，分析错误出现的原因，比如知识、能力和解题习惯等。分析思路是：这道题考查的知识点是什么？这道题的解题方法及过程是什么？这道题还有其他解法吗？

（2）查找错题丢分原因。通常情况下，孩子考试丢分的原因有三个，即知识不清、审题不清和表述不清。

知识不清。考试前，各科知识点掌握不牢。

审题不清。考试中，没有把问题看明白，不具备好的审题能力，没有养成好的审题习惯。

表述不清。虽然知识具备、审题清楚，问题能够解决，但表述凌乱、词不达意。

这三个问题逐步由低级发展到高级，研究三者造成的丢分比例，就能找到今后的调整方向。

（3）制定改进措施。

立刻抄写一遍。让孩子将做错的题重新抄一遍，然后跟老师或同学请教，详细写出正确的过程和答案；如果是主观性试题，还要根据老师讲解的解题思路，把答案补充齐全。

及时分析问题。及时写出对试卷的分析内容，主要包括两个步骤：步骤一，综合评价，即哪些题目做得比较好，哪些题目存在失误；步骤二，在纠正错题的基础上，对错题进行归类，找准原因，对症下药。

经常翻阅查看。写完试卷自我分析后，将其跟试卷贴在一起，做好保存。积累到一定数量，可以装订成册。千万不要束之高阁，要经常翻阅复习，以便巩固知识，加强理解，培养能力，掌握规律。

后 记

通过几个月的努力,终于将书稿完成了。欣喜之余,笔者依然有很多话想跟家长和孩子说:

(1)书中所列要点,只概括了孩子读书或学习的要点、问题或方法,都只能起到提纲挈领的作用。要想真正提高读书或学习成绩,还需要不断摸索,找到真正适合自己的读书方法。

(2)学习是自己的事,任何人都帮不了。虽然家长能够为孩子提供学习之外的帮助,但真正的知识融会和运用,都需要孩子的努力。孩子自己不努力,再好的教育方法都是零!

(3)我们都是普通人,不要相信"读书无用论"的调侃。认为读书无用的人,是因为他们没有将知识灵活运用。丰富的学识,定然能为孩子的将来添砖加瓦。

(4)世上真正聪明的孩子确实有,但不多。作为普通人中的一员,要想取得好成绩,奔一个好前程,就要踏实努力,认真学习,决不能投机取巧!

记住,一时的偷懒只能骗自己!勤学苦练,才能成就自我!